1807.
D.-4.

LÉXICOLOGIE
LATINE ET FRANÇAISE.

ABRÉGÉ

D'UN

COURS COMPLET

DE LEXICOLOGIE,

A l'usage des Élèves de la quatrième Classe
DE L'ÉCOLE POLYMATHIQUE;

Par P. R. F. BUTET (de la Sarthe),
DIRECTEUR DE CETTE ÉCOLE,

Professeur de Physique au Lycée républicain, Membre des Sociétés Philomathique et Médicale de Paris, de la Société Libre des Sciences, Lettres et Arts; de celle des Observateurs de l'Homme, de la Société Académique de la même ville, et de celle des Arts du Mans.

DE L'IMPRIMERIE DE CRAPELET.

A PARIS,

Chez ANT. AUG. RENOUARD, Libraire, rue S. André-des-Arcs, n° 42;
Et chez le Concierge de l'Ecole Polymathique, rue de Clichy, n° 357.

AN IX — 1801.

DISCOURS PRÉLIMINAIRE.

Par la théorie et la pratique de la Léxicographie, mes Elèves se sont rendus familiers les rapports matériels qui existent entre les langues latine et française. Ils sont devenus habiles à distinguer ce que cette dernière ne possède que par emprunt, d'avec ce qui lui appartient en propre. S'ils savent que leur idiome n'a pris la forme d'une langue que par l'importation des termes latins dont il s'est enrichi d'abord, et qu'il a su acclimater en les pliant aux mœurs et aux habitudes de ses expressions, ils ne peuvent douter que, par le besoin et à l'aide de l'analogie, il ne s'est pas moins enrichi des produits de son propre fonds.

C'est alors que, pouvant dans la formation des mots faire le départ de ceux qui n'existent en français que par *traduction*, d'avec ceux qui s'y sont produits par *construction*, ils peuvent saisir les loix d'après lesquelles se composent et se décomposent les polysyllabes des deux langues, suivant la synthèse et l'analyse des idées que ces polysyllabes représentent. Tel est l'objet de la science des mots, ou de la LÉXICOLOGIE proprement dite; mais un grand nombre de personnes contestent l'existence de cette science. Il faut donc préliminairement en développer les principes ; et le meilleur moyen d'arriver au but que j'essaierai d'atteindre dans cette Introduction, est, ce me semble, d'esquisser à grands traits la marche que j'ai suivie dans mes travaux, et d'exposer brièvement les motifs qui m'ont dirigé dans mes recherches.

A peine initié dans le sanctuaire de la Chimie moderne, je fus frappé, par le principe de sa nouvelle nomenclature, d'une idée de Léxicologie, aussi sublime en elle-même que féconde dans ses résultats. Si les Chimistes, me suis-je dit, ont pu convenir de représenter, par des mots affectés des mêmes terminaisons, les substances dans la composition desquelles entrent les mêmes élémens, pourquoi, dans la composition d'une langue philosophique, ne pourrait-on pas, avec autant de succès, exprimer, par des dénominations dont la *désinence* est la même, les idées qui auraient des traits de ressemblance dans leur forme métaphysique ?

Je me livrai d'autant plus aux nombreuses méditations dans lesquelles m'entraînait cette réflexion, que depuis quelque temps je m'occupais de rechercher si l'on pouvait déterminer quelques règles simples et générales d'une langue universelle. Ces méditations me firent présumer que les pères de la Chimie moderne n'avaient point été créateurs dans la formation de leurs signes, mais bien imitateurs fidèles de l'analogie, par la force de laquelle se sont organisées toutes les langues ; et voici les motifs de mon opinion.

Il est de fait que, dans toutes les langues, les mots ont successivement paru et disparu, *Jam cecidére cadent quæ sunt in honore vocabula.* Par la lecture des ouvrages dans lesquels ils sont consignés, il est facile de déterminer l'époque de leur naissance, et la période de leur durée, de les suivre, comme le dit Horace, de la *fleur* de la jeunesse à la *vigueur* de l'âge; et j'ajouterai, du déclin de la *vieillesse* jusqu'à l'affaissement de la décrépitude; mais il n'est aucune époque à laquelle on puisse faire remonter l'origine d'un radical: celle de tous se perd dans la nuit des siècles, c'est-à-dire que de temps immémorial on fait des mots à l'infini, et l'on ne créé pas une syllabe nouvelle. Les élémens représentatifs de la pensée, comme les molécules de la matière, ne paraissent ni formés ni détruits; et la construction des mots, comme la production des corps, semble soumise aux combinaisons indéfinies d'un nombre donné de principes constituans. Pourquoi n'existerait-il pas des loix auxquelles se conformassent ces combinaisons? Pourquoi ces loix ne seraient-elles pas réductibles à des formules dans lesquelles rentreraient les mots de tous les âges? Et pourquoi n'arriverait-on pas à pouvoir rapporter un mot quelconque à sa formule, et avec un radical et une formule donnés, construire le mot qui en doit résulter ? Tel est le problême possible dont j'entrevoyais une solution rationnelle, que j'ai cru trouver après dix années de travaux consécutifs.

L'opinion de la simple possibilité de cet intéressant résultat, n'eût pas suffi pour soutenir ma patience dans mes pénibles recherches, si, de plus, je n'eusse été persuadé que ce même résultat devait exister. Il est généralement connu que les mots premiers d'un idiome quelconque sont monosyllabiques, et que les polysyllabes, formés par la composition des idées, ne sont que des produits de l'analyse grammaticale. En effet, pourquoi l'homme emploierait-il plusieurs accens, afin de rendre une idée qu'un seul peut exprimer ou faire renaître ? Les mots composés peuvent donc n'être regardés que comme des expressions d'idées complexes, résultantes d'autant d'idées simples qu'il y a d'élémens dans le signe représentatif; alors, tous les mots formés des mêmes prépositions et des mêmes désinences, seront des produits dans lesquels entre le même principe initial ou terminateur, et conséquemment devront rendre autant d'idées particulières, modifiées par la même idée accessoire, à moins que ces prépositions et terminaisons ne soient des altérations d'élémens différens.

Mais voici une objection qu'il paraît naturel de faire : « Vous partez d'un » principe faux, m'a-t-on dit mille fois ; » vous supposez que la raison a présidé » à la formation des langues, et qu'elles » se sont élancées du néant comme par » un jet de philosophie, tandis qu'elles » ne se sont élevées que partiellement, » de distance en distance, sur les bases » éparses des besoins, et sur les fonde- » mens incohérens de la nécessité. Com- » ment les hommes se sont-ils rassem- » blés pour faire leurs conventions ; » pour mettre tant d'esprit dans leur » langage que vous leur faites déduire » des principes les plus ingénieux et de » la métaphysique la plus profonde »?

Ne pourrai-je pas demander comment les hommes se sont rassemblés pour faire leur Logique, pour se conformer aux loix du *sens commun*? A quelle école ils ont pu apprendre la science de l'équilibre et du mouvement, pour résoudre, dans leurs différens états de station et de progression, les problèmes les plus difficiles de la mécanique ? Ne pourrai-je pas demander dans quel laboratoire ils ont étudié la Chimie, pour analyser, avec autant de constance que de précision, ce fluide qu'ils respirent, et de la décomposition duquel résulte cette chaleur qui vivifie tous les points de leur organisation ; si je n'aimais mieux répondre directement que les hommes n'ont besoin ni de déterminer ni de connaître les loix auxquelles ils sont soumis par la nature de leur constitution, pour les exécuter rigoureusement ? Il est de l'essence de l'homme de percevoir des rapports entre les objets qui l'environnent, comme de prendre automatiquement tous les moyens qui peuvent concourir à sa propre conservation. Que cette puissance de percevoir, soit un *être* ou un *mode*, peu importe, elle est une des forces qui régissent l'homme en santé ; car il perçoit aussi nécessairement le rapport d'égalité entre 2 + 2 et 4, qu'il ressent de la douleur quand il se brûle. Cette force de perception que je nomme *force percevante*, tient à la nature de l'homme dans son état naturel de plénitude d'existence. Si l'immense majorité des êtres qui pensent n'était soumise à cette force, la *raison* serait contre nature, et un vice de constitution; mais il existe irrécusablement un *sens commun* : la folie est donc une rupture d'équilibre entre les forces humaines, une *maladie*. Puisqu'il existe une raison universelle, qui lie entr'elles des idées ou certains modes de l'humanité, comment les mots, signes des idées, pourraient-ils être dénués d'un rapport d'analogie qui les enchaînât méthodiquement ? Les mots sont aux idées ce que les chiffres sont aux nombres ; car les chiffres ne sont qu'une sorte de mots, et les nombres une sorte d'idées. Vouloir qu'il y ait une science des idées, sans Léxicologie, c'est vouloir qu'il y ait une science des nombres sans système numérique. On ne peut donc nier la liaison des mots dans leur formation, sans violer la règle du *sens commun*; il doit donc exister un système de Léxicologie.

De la possibilité d'un Système de Léxicologie, je passé à la preuve de la nécessité de son existence; je vais maintenant démontrer cette existence de fait par la citation du morceau suivant, qu'on lit dans les *Lettres édifiantes*, t. 26, p. 221, édition de Paris. C'est le P. Pons, missionnaire français, qui parle.

« La Grammaire des Bramines peut
» être mise au nombre des plus belles
» sciences. Jamais l'Analyse et la Synthèse ne furent plus heureusement employées que dans leurs ouvrages grammaticaux de la langue Samskret ou
» Samskroutan. Il me paraît que cette
» langue, si admirable par son harmonie,
» son abondance et son énergie, était
» autrefois la langue vivante dans les
» pays habités par les premiers Bramines.

» Il est étonnant que l'esprit humain
» ait pu atteindre à la perfection de l'art
» qui éclate dans ces grammaires. Les

» auteurs y ont réduit, par l'analyse, la
» plus riche langue du monde à un petit
» nombre d'Elémens primitifs, qu'on
» peut regarder comme le *Caput mor-*
» *tuum* de la langue. Ces Elémens ne sont
» par eux-mêmes d'aucun usage ; ils ne
» signifient proprement rien. Ils ont seu-
» lement rapport à une idée, par exem-
» ple *Kru* à l'idée d'action. Les Elémens
» secondaires qui affectent le primitif,
» sont les terminaisons qui le fixent à
» être Nom ou Verbe, celles selon les-
» quelles il doit se décliner ou se conju-
» guer; un certain nombre de syllabes à
» placer entre l'élément primitif et les ter-
» minaisons, quelques prépositions, &c.
» A l'approche des élémens secondaires,
» le primitif change souvent de figure :
» *Kru*, par exemple, devient, selon ce
» qui lui est ajouté, *kar*, *kri*, *kir*, *ker*, &c.
» La synthèse unit et combine tous ces
» élémens, et en forme une variété in-
» finie de termes d'usage. Ce sont les rè-
» gles de cette union et de cette combi-
» naison d'élémens, que la Grammaire
» enseigne, de sorte qu'un simple Eco-

» lier, qui ne saurait rien que la Gram-
» maire, peut, en opérant selon les rè-
» gles, sur une racine ou élément pri-
» mitif, en tirer plusieurs milliers de
» mots vraiment samskrets ; c'est cet art
» qui a donné le nom à la langue ; car
» samskrets, signifie *synthétique* ou *com-*
» *posé* ».

Tous les Etymologistes s'accordent à dire que la base de ce Système est la même pour toutes les langues. Aucun ne l'a traité ; les seuls, je crois, qui ont essayé d'en donner quelques dévelop- pemens, sont le Président De Brosses et Le Bel, encore leurs simples apperçus sont-ils souvent erronés, et quelquefois contradictoires. Je sais que déjà quelques hommes se plaisent à dire que mon Sys- tême n'a rien de neuf, qu'il appartient aux auteurs du *mécanisme, du langage et de l'anatomie de la langue latine.* Si, comme Virgile, je pouvais comparer Mantoue à Rome, je dirais qu'on peut attribuer mon ouvrage au Président De Brosses et à Le Bel, comme la for- mule du Binôme de Newton, à ceux qui les premiers ont introduit en Algèbre l'usage des Coefficiens et des Exposans. Je ne prétends pas avoir observé le premier que les mots se composaient par préposition et postposition de parties accessoires unies à une partie principale ; mais je crois être le premier qui ait fait un Système de toutes les valeurs de ces parties accessoires, dans une langue donnée.

Je n'ai même vu nulle part que l'on ait remarqué l'application du Principe général à la formation de l'Algèbre comme langue. En suivant cet idiome dans ses développemens, on observe que les quantités se sont d'abord représentées par des signes abstraits ; c'est ce qu'on appelle les *radicaux* dans les langues. En second lieu, pour abréger l'expression des sommes composées de quantités égales, on a imaginé les *Coefficiens*, correspondant aux *prépositions* qui se sont unies avec les radicaux pour rendre, par un seul mot, l'idée principale, modifiée par celle accessoire de relation. En troisième lieu, quand on a eu des produits de plusieurs facteurs identiques à représenter, on a eu recours à un mode d'expression analytique par l'emploi des *Exposans*, de même que les idées principales, modifiées ou non modifiées par celles de relation, susceptible de telles ou telles formes, de telles ou telles manières d'être, se sont représentées par telles ou telles *Désinences*, construites avec tels ou tels significatifs. L'usage des Coefficiens a précédé celui des Exposans, ainsi que les constructions *prépositives* dans le langage, ont préexisté aux constructions *désinencielles*. En effet, les mots auront été employés généralement avant d'avoir été considérés en fonction de telle ou telle partie du Discours. Or, la Désinence des mots est la caractéristique orationnelle qui les fait distinguer comme telles ou telles parties du Discours quand ils portent avec eux ce caractère distinctif. Voilà, ce me semble, le seul rapport que l'Algèbre puisse avoir comme langue avec les langues ordinaires. Nous ne devons donc pas conclure pour cela que celles-ci sont susceptibles d'être perfectionnées comme celles-là. Il existe entre elles des différences essentielles qui s'opposent à ce degré de perfectibilité ; c'est ce que je me propose de prouver dans un Mémoire particulier ; je ne dois m'arrêter ici que sur ce qu'il y a de commun entre les différentes manières d'exprimer systématiquement par des signes, des idées de quelque nature qu'elles soient.

En partant de cette hypothèse, que les mots ne sont formés que de *Radicaux*, de *Prépositions* et de *Désinences*, les parties les plus importantes à déterminer, sont celles qui remplissent les fonctions les plus fréquentes dans la construction des mots. Or, il n'est presque pas de polysyllabe dans lequel il n'y ait quelque Préposition ou quelque Désinence ; les mots n'ont le plus souvent qu'un, rarement deux, et n'ont presque jamais trois racines, lorsqu'ils ont quelquefois jusqu'à trois Prépositions, et même jusqu'à six Désinences.

Dans les langues latine et française il n'y a que trente-une Prépositions composantes, et soixante dix à quatre-vingt désinences. Ces parties additionnelles remplissent donc les fonctions les plus étendues dans la formation des mots, de la plupart desquels on posséderait l'Analyse si l'on avait une fois déterminé la valeur des élémens secondaires. Comme ces mêmes élémens se trouvent dans une infinité de mots, exprimant la valeur de chacun, d'une manière générale, cette expression en sera la formule. Après avoir fait le même travail sur toutes, la formule d'un mot sera composée de la somme des formules de toutes ses parties additionnelles, moins sa partie radicale, de manière qu'on pourra résoudre le double Problème dont j'ai déjà parlé.

C'est, ce me semble, la seule manière de remonter à la recherche des radicaux. En effet, lorsqu'un corps nouveau frappe mes sens, vais-je le briser, le mutiler pour apprendre à le connaître ? Ou dois-je commencer par examiner ses formes et toutes ses qualités extérieures, descendre ensuite dans le mécanisme de sa structure, et le pénétrer enfin jusques dans la profondeur de sa constitution intime ? Il en doit être de même de l'examen des mots. Il faut bien connaître leurs formes extérieures pour arriver, plus probablement à leur valeur radicale. C'est en suivant cette marche, qu'après avoir coordonné les parties de mon Système Léxicologique, j'ai refait beaucoup d'Analyses vicieuses, et que je suis parvenu à la décomposition de plusieurs mots dont les Etymologistes n'ont point parlé.

Aussi tous, suivant une route contraire à celle d'une sévère Analyse, se sont-ils égarés d'une manière plus ou moins étrange. Non-seulement ils ont en quelque sorte motivé le ridicule que les gens du monde, et même quelques savans ont jeté sur une des parties les plus intéressantes de la Métaphysique ; mais encore ils se sont lancé les uns contre les autres les sarcasmes les plus piquans. Celui qui déduit *parole* de *verbum*, dit en parlant de la manie qui, dans le seizième siècle, voulait tout rapporter à l'hébreu : « On vit toutes les

» langues dans l'hébreu: chaque mot,
» grec, latin, &c., dut ressembler, bon
» gré malgré, à un mot hébreu; on l'a-
» longeait, on le raccourcissait, on le
» changeait jusqu'à ce que le rapport fût
» parfait. Jamais Phalaris ne disloqua
» mieux les malheureux étrangers qui
» tombaient entre ses mains, pour les
» assortir à la longueur de son lit ».

Ne pourrait-on pas faire le même reproche à Court-de-Gebelin, sur sa prédilection pour d'autres langues anciennes qu'il voit presque dans tous les mots français; quand, par exemple, il fait venir le mot *tricoter* (faire des bas) de l'allemand *stricken*, ou du sueogothique *strikia* (faire des nœuds), et que nous avons, sans aucune contorsion, à côté de nous *trica*, *tricare*, *tresse*, *tresser*, qui au figuré s'est traduit par *triche*, *tricher*, dont avec la préposition *in*, nous avons fait dans le même sens INTRIGUE, et les dérivés INTRIGUER, INTRIGAiller, dont avec la désinence *aud* nous avons fait *trigaud*, *trigauderie*, et d'ailleurs le mot *inextricable*? En connaissant la valeur de toutes ces parties additionnelles, l'auteur du Monde primitif serait arrivé d'autant plus probablement au radical TRIC, qu'il y aurait été conduit par plusieurs routes différentes, auquel radical peuvent se rapporter l'allemand STRIC*ken*, le sueo-gothique STRIC*kia*, qui de quelque pays qu'ils soient, ne sont pas des mots simples.

Si Le Bel ne nous eût enrichis de plusieurs Etymologies intéressantes, je lui reprocherais de n'avoir voulu voir le latin que dans le latin, et d'être tombé par cette idée dans les absurdités les plus manifestes. Car PATER a été pour lui *le grand nourricier*, et MATER *la* GRANDE BROYEUSE, parce qu'autrefois on broyait le bled avant l'invention des moulins, et que la mère était la plus grande de toutes les broyeuses de la maison.

Court-de-Gebelin fait des rapprochemens aussi bizarres, quand il fait venir *jus*, droit, de *jus*, sauce, et que l'homme *juste* est celui qui distribue à chacun la portion de potage qui lui revient. En admettant cette Etymologie, qui n'est pas incontestable, et même que *stus* veuille dire *distribuer à chacun sa portion*, il faudra que Jubeo signifie *je veux dîner*, Juvans, aide de cuisine; Juvenis, marmiton, et Jupiter maître-d'hôtel. Si ce savant se fût habitué à remonter aux Radicaux par l'Analyse des composés et des dérivés, il aurait *présumé* que ju ou jou peut être le signe de la force, en se rappelant que plus d'un Publiciste regarde la *justice* comme une modification de la *force*. *Jus* pouvait signifier *force*, droit; *juste*, celui qui se tient dans le droit ou la force : *jubeo*, je parle en maître, en fort, j'ordonne; *juvare*, prêter la force, *aider*; *juvenis*, celui qui est dans l'âge du développement des forces, celui qui est *jeune*; et *Jupiter*, le père de la *force*, le dieu du tonnerre. Si on lui eût demandé ensuite comment *jus*, *sauce*, pouvait se rallier avec *jus*, *droit*, il aurait pu répondre que ce dernier mot n'est qu'une forme identique du premier, une racine Mimophonique qui, par sa prononciation, rappelle le bruit d'un liquide exprimé du corps qui le renferme.

C'est par cette manie que les Etymologistes, portant toutes leurs forces vers la décomposition des mots qui résistaient le plus à l'Analyse, s'occupèrent par préférence de ces bâtards Léxiques munis de titres vagues qui peuvent les placer dans toutes les familles, de ces Barbaralexes résultant de l'union de signes de langues diverses, monstres exotiques qui ne produisent rien dans la langue où ils se glissent, et dans laquelle on les distingue, parce qu'ils y sont frappés au coin de leur stérilité. Ils négligèrent d'unir des membres nombreux d'une même famille, parce que leurs droits, trop simples et trop clairs, ne présentaient aucun exercice à l'érudition, et la détermination de ces élémens additionnels qui reviennent sans cesse dans la formation des mots, ne leur offrit aucun intérêt, parce qu'ils n'avaient aucun air celtique ou oriental.

Que m'importe que *pantoufle* vienne du grec *pantophello*, *tout de liège*, ou moins ridiculement de l'allemand *bein toffeln, tablette de pied?* ce mot n'est pour moi qu'un mot barbare, qui conséquemment ne produit aucuns composés ou dérivés, duquel nous n'avons ni *impantoufler*, ni *dépantoufler*, ni *pantouflation*, ni *pantouflade*, ni *pantouflabilité*. Il en est de même de *redingotte*, mot anglais, qui signifie *habit de cheval*, &c. Je ne prétends pas cependant que des analyses de ce genre soient inutiles; mais il est des analyses importantes qu'il ne faut pas négliger pour celles-ci; il faut s'occuper, avant tout, de la détermination des mots faisant partie des grandes familles de la langue où ils se trouvent, afin de pouvoir jeter les fondemens d'un système de Léxicologie.

Or, un système de Léxicologie quelconque, ne peut s'établir que sur la détermination des prépositions et des désinences, puisque les radicaux sont autant de signes isolés d'idées distinctes, qui ne peuvent s'ordonner que par l'identité des formes ou des modifications dont ils sont susceptibles. Les travaux de tous les Etymologistes deviennent donc inutiles pour des recherches de ce genre ; il faut s'y livrer avec la patience de l'homme qui rassembla les matériaux du premier Dictionnaire. L'entreprise ne m'effraya point, parce que je ne doutais pas du succès ; les grandes difficultés me semblaient vaincues ; mon Problème était en équation ; je n'avais plus qu'à suivre la routine du calcul ; j'attendais quelques circonstances favorables pour entrer dans l'immensité de ces détails. J'avais déjà déterminé quelques formules à l'aide du Dictionnaire des rimes de Richelet. Entr'autres, j'avais trouvé celle-ci qui me fit un très-grand plaisir, par la justesse de son application dans la nouvelle nomenclature chimique.

Je remarquai que tous les adjectifs latins en *osus*, italiens en *oso* et français en *eux*, expriment une idée modifiée par celle accessoire d'*abondance*, de *plénitude* de la qualité ; que, par exemple, vin*eux* signifie *plein* de *vin*, aqu*eux*, *plein d'eau* ; et au figuré, furi*eux*, *plein de furie*, joy*eux*, *plein de joie* ; je nommai *réplétifs* tous les mots en *eux*, et forme réplétive la construction de cette terminaison *eux* avec le mot qui lui sert de base; ainsi *peur*, *fougue*, *heur*, me donnèrent, sous forme réplétive, peur*eux*, fougu*eux*, heur*eux*. Par conséquent les acides du *soufre* et du *phosphore* avec excès de base, me parurent très-bien nommés sulfur*eux*, phosphor*eux* par distinction des acides sulfur*ique* et phosphor*ique* qui contiennent moins de soufre et de phosphore que les précédens, proportion gardée avec la quantité d'oxigène de chacun.

Je ne m'occupai qu'accidentellement de ce travail pendant trois à quatre ans que je consacrai à l'étude de la Médecine et des Mathématiques, et en 1794 je me chargeai d'une éducation particulière pour jouir des moyens de continuer mes recherches lexicologiques. Je me prémunis contre les écarts de mon imagination exaltée, en adoptant la marche suivante.

Je fis autant de cahiers que je reconnus de syllabes initiales et finales en français; je distribuai par ordre alphabétique ces cahiers, qui avaient pour titre chacun leur syllabe, comme si j'eusse voulu faire deux sortes de Dictionnaires complets, un Dictionnaire ordinaire, et un Dictionnaire de rimes. Je plaçai par colonne, et sous chaque syllabe initiale ou finale, tous les mots affectés des mêmes prépositions ou désinences, depuis le 1er jusqu'au 38e et dernier volume in-4°. du grand Vocabulaire français : trouvant cet ouvrage aussi incomplet que volumineux, je fis le même extrait de 80 à 100 volumes de Dictionnaires particuliers de Sciences et Arts, et je réunis dans l'ensemble de mes cahiers la presque universalité des mots français commençant et finissant de la même manière.

Je pris chaque cahier en particulier, et j'examinai ce que les mots placés sous le même titre pouvaient avoir de semblable dans leur signification, et après l'avoir déterminé par le résultat de leur comparaison, je conclus que leur partie commune était le signe de l'idée accessoire par laquelle leur idée principale était également modifiée.

Pour peu qu'on ait la moindre idée de ce qu'est une science descriptive, on saura qu'elle ne consiste que dans l'expression analytique des traits de similitude et de déférence observés entre les objets que l'on veut coordonner. Or cette expression analytique n'est elle-même qu'une nomenclature convenable. J'ai donc été forcé d'en créer une pour l'exposition de mon Système de Léxicologie. Je dois m'attendre que plus d'un Cethegus moderne s'écriera au néologisme, et proscrira impitoyablement tous mes termes techniques qui lui paraîtront barbares, parce qu'il ne les aura jamais vus dans Racine. Mais j'espère être traité avec moins de sévérité par les Zoologistes, les Botanistes, les Minéralogistes, à plus d'un desquels la langue de Racine n'est pas étrangère.

Je suis bien loin de prétendre que ma nomenclature soit parfaite ; elle a le moins de défauts qu'il m'a été possible. Plusieurs termes que j'ai adoptés seront

(xxvj)

probablement susceptibles d'être remplacés par des expressions plus heureuses ; mais encore, ne s'agit-il que de substitution et non de radiation d'un mot nouveau.

J'ai divisé en trois ordres les constructions des Polysyllabes, en raison de ce que leurs parties servent le plus ordinairement de noyau au composé, ou que ces parties s'unissent le plus souvent à ce noyau par *préposition* ou par *postposition*. D'où je distingue trois ordres de constructions, les constructions *radicales*, les constructions *prépositives*, et les constructions *postpositives*.

On entend ordinairement par préposition, non comme *partie du discours*, mais comme partie composante des mots la syllabe *initiale*; et par désinence, la syllabe *finale*; mais il faut entendre plus exactement par préposition toutes parties qui se construisent à la gauche des racines, et par désinence toutes celles qui se placent à leur droite : par exemple, dans *indécomposé*, *com* est aussi bien une préposition que *in* et que *de*, parce que la construction habituelle de ces parties est de s'unir initialement à la racine, comme on le voit dans *composé*, *déposé*, *imposé*. Il en est de même des désinences *ure*, *able* et *ité*, dans *incommensurabilité*, parce qu'elles se remarquent isolément construites en beaucoup de cas immédiatement à la droite des racines, comme par exemple dans *brodure*, *prenable*, *surdité*.

Je n'ai pu généraliser la valeur des parties qui se trouvent le plus fréquemment dans la composition des mots, qu'en adoptant autant de signes exprès qui rappelassent l'idée de chacune d'elles, abstraction faite de tous les autres élémens avec lesquels elles se combinent dans la formation des polysyllabes, et ces signes sont devenus des *formules*, à l'aide desquelles on peut calculer ces Polysyllabes, c'est-à-dire, les composer ou les décomposer. Ces formules doivent être telles, qu'elles représentent des qualifications abstraites, des mots à construire ou à resoudre en raison des parties qu'on y veut considérer en plus ou en moins.

Cela posé, j'appelle *racines* les élémens propres à représenter des idées simples et primitives ; lorsque les *racines* sont considérées comme servant de bases aux polysyllabes, elles sont dites des *radicaux*, et un radical peut être formé d'une ou plusieurs racines. Telle est la différence que j'établis entre le mot *racine* et le mot *radical*. Tout Polysyllabe est dit en formule radicale, *monome*, *binome*, *trinome*, et généralement *polynome*, quand il entre dans la formation de son radical, une, deux, trois ou généralement plusieurs racines, que l'on appele *termes* du polynome. Si le Polysyllabe est considéré sous le rapport d'une ou plusieurs prépositions, d'une ou plusieurs désinences, qui entrent dans sa formation, il est dit *prépositif* ou *postpositif* du degré déterminé par le nombre des prépositions ou désinences composantes.

J'ai remarqué que dans l'ordre des constructions radicales, il se trouvait trop peu de trinomes pour pouvoir être formulés, et qu'il n'y avait des binomes dont on pût généraliser les constructions que ceux dans lesquels on remarquait constamment le même terme initial ou final, ce qui m'a donné deux sous-ordres, les *initiatifs*, et les *déclinatifs*. Par exemple, tous les mots en *mal*, *mé*, *mau*, comme *mal*aise, *mal*faiteur, *mal*honnête, *mé*vendre, *mé*prendre, *mé*dire, *mau*vais, *mau*ssade, *mau*ny, &c. sont initiatifs, parce que *mal*, *mé*, *mau*, sont différentes formes d'une même racine construite toujours en fonction de premier terme. Il en est de même des mots en *bene*, *bien*, en *ne*, &c. Si au contraire les binomes sont considérés comme ayant leur second terme constant, ils forment le sous-ordre des déclinatifs. De ce sous-ordre sont les mots en *cide*, comme sui*cide*, ho-mi*cide*, régi*cide*, &c. ; en *fer*, comme mammi*fer*, legi*fer*, pomi*fer*, &c. Ces deux sous-ordres expriment le passage des constructions radicales aux constructions prépositives et postpositives.

Mais en procédant à la généralisation

de la valeur de chacun des élémens qui entrent le plus souvent dans les constructions radicales, prépositives et postpositives, l'expression analytique de chacune de ces valeurs dans un quelconque des trois ordres est une *formule générique*, et tous les mots dans lesquels on observe cette partie dont le sens est déterminé d'une manière abstraite, forment un genre radical, prépositif ou postpositif. Par exemple, *male, mal, mé, mau*, étant des variétés d'un même signe, celui de l'improbation, tous les binomes en *male, mal, mé, mau*, sont dits *improbatifs* ; ainsi en formule de ce genre on peut demander synthétiquement, quel est l'improbatif de *priser ?* on répondra *mé*priser. Ou analytiquement, de quel mot *mé*compte est-il l'improbatif ? la réponse est, de *compte*, &c.

A la confection de mes premières formules génériques, je me suis apperçu que beaucoup de composés avoient pour base des mots inusités ; ainsi, par exemple, vin*eux*, joy*eux*, peur*eux*, dans l'ordre postpositif, sont en formule générique les *réplétifs* de *vin*, *joie*, *peur*, qui sont des mots usités ; mais *fameux*, *frauduleux*, *curieux*, sont les réplétifs des mots *fame*, *fraudule*, *curie*, qui ne sont point en usage en français, mais dont la valeur y existe en état de combinaison. C'est de-là que j'ai divisé les composés ou dérivés en composés ou dérivés à base *réelle*, ou à base *hypothétique*, et qu'en raison de leurs fonctions significatives, j'ai distingué les mots en *réels hypothétiques*, *possibles* ou *irrationels*, selon que ces mots sont *usités*, ou ne se trouvent qu'en état de combinaison dans les constructions ; qu'ils sont dans l'analogie sans être encore en usage, ou qu'ils sont formés d'élémens incompatibles.

Dans les langues dérivées, les hypothétiques sont plus nombreux que dans les langues mères, parce que celles-là ne suivent d'autre marche dans l'emprunt de leurs termes que l'impulsion du besoin, qui leur fera souvent traduire un composé de préférence au simple dont l'emploi n'est pas exigé. Mais une fois qu'une langue s'est emparée d'un composé ou d'un dérivé, la connaissance du mot qui lui sert de base devient indispensable pour l'intelligence précise de la valeur de ce nouveau Polysyllabe. L'ignorance des hypothétiques est une des sources fécondes de nos erreurs de mots. Quand nous n'avons aucune notion des hypothétiques, nous n'avons que des idées confuses des réels qui en résultent; nous nous disputons, parce que nous n'entendons qu'approximativement les signes dont nous nous servons, et que nous ne leur donnons presque jamais la même valeur. Alors nous ne pouvons nous accorder que par tâtonnement sur les mêmes principes. Venons-nous à pouvoir partir du même point ? n'ayant pas les mêmes erremens, nous ne suivons pas les mêmes lignes, par l'influence et le concours de la diversité de nos idées analogues, qui tendent nécessairement à nous faire dévier de cette même direction, nous nous retrouvons de nouveau chacun à des termes différens dont les distances respectives sont quelquefois incommensurables.

J'ai déduit l'expression analytique des genres dans les constructions radicales, ainsi que dans les constructions postpositives, du signe de l'idée capitale de la racine ou de la désinence formulées. Ainsi j'ai nommé *contradictifs* tous les initiatifs en *ne*, *n*, comme *n*ul, *n*égoce, *n*éant, &c. *dégradatifs* tous les postpositifs en *âtre*, comme blanch*âtre*, noir*âtre*, &c. Et par figure, mar*âtre*, opini*âtre*, acari*âtre*, &c. Mais j'ai dérivé la dénomination de tous les genres prépositifs, de la préposition elle-même construite avec le significatif de *ire*, *itum*, joint à la désinence *if*; ainsi tous les mots en *a* ou *ab* sont des *abitifs*, en *ad* pur ou altéré des *aditifs*, &c. Tels sont abitifs de *user*, *solution*, *négation*; les mots *a*user, *a*bsolution, *a*bnégation, &c.; *ad*mirer, *ac*courir, *at*tirer, sont les aditifs de *mirer*, *courir*, *tirer*.

Chaque genre se subdivise en autant de *sortes* qu'il y a de sens particuliers dans lesquels se prend la valeur de la partie formulée, et il n'y a guère que l'usage qui puisse faire reconnaître les sortes d'un même genre, parce qu'elles n'ont aucun signe matériel qui les caractérise, leur distinction est une pure opération de l'esprit; il est possible même qu'il y ait, dans plusieurs genres, quelques sortes qui me soient échappées ; mais je ne pense pas en avoir trop multiplié le nombre; j'ai mieux aimé, pour ne pas cumuler les différences, admettre des différences de différences, c'est-à-dire des *sous-sortes*, quand l'analyse métaphysique du genre me l'a permis, parce qu'il y a plus de liaison et d'ensemble entre trois sortes sous-divisées chacune en deux *sous sortes* qu'être six sortes d'un même genre.

On trouvera probablement mon style contourné et embarrassé dans la description et la définition des genres prépositifs; il faut remarquer que je me suis imposé la loi de ne faire entrer dans la définition d'une préposition aucun mot formé de cette préposition même, et c'est un degré d'exactitude qu'aucun Etymologiste ou Grammairien n'ont essayé d'atteindre jusqu'à ce jour, je puis même dire qu'aucune préposition n'avait été déterminée. Je prendrai pour exem-

ple la préposition *de*. Voici ce qu'en dit Le Bel : « *De*, d'en haut, ou en des-
» cendant; cette préposition ne change
» point non plus; mais il faut remarquer,
» 1°. qu'elle ne s'incorpore point avec les
» verbes qui commencent par un *i* voyelle:
» 2°. qu'elle fait entendre que l'on des-
» cend des bonnes qualités (qui font l'é-
» lévation de l'ame) devant tous les ver-
» bes qui en expriment; ainsi *docere*
» veut dire enseigner, et *dedocere*, dé-
» senseigner, comme qui dirait enseigner
» de haut en bas, ou à rebours; et de
» même pour *dediscere, depudicare*, &c.
» pour *demirari, deamare, deosculari*.
» Ils ne sortent point de la signification
» ordinaire; *demirari* veut dire admirer
» en descendant, ou depuis le haut jus-
» qu'en bas, et ainsi des autres ».

Je ne vois pas comment le *de*, qui *exprime que l'on descend des bonnes qualités qui font l'élévation de l'ame*, ne
veuille pas dire aimer à rebours dans
deamare, comme enseigner à rebours
dans *dedocere*; et pourquoi, par exemple,
démontrer ne signifie pas montrer sens-

dessus-dessous. Quand on part d'un principe faux, on doit toujours arriver à des conséquences absurdes.

On peut voir comment je traite cette préposition, page 69, et comment je rallie à une idée générique, les cinq acceptions particulières de ce mot, qui sont les caractères dogmatiques d'autant de *sortes* du même genre.

Dans tous les systèmes de classification, les *variétés* sont des accidens qui se trouvent compris dans les *sortes* ; mais ici les variétés ne sont pas de subdivisions semblables. Comme elles sont des accidens léxiques, qui se rencontrent dans le matériel des genres, elles n'ont aucun rapport avec leurs diverses significations, et ne sont pas plus comprises dans les sortes, qu'elles ne les comprennent elles-mêmes. Ces variétés ne sont donc que des subdivisions immédiates des genres considérés sous le rapport de leurs formes extérieures; et les sortes des subdivisions immédiates de ces mêmes genres considérés sous le rapport de leurs diverses valeurs : j'insiste sur ce point pour éviter toute équivoque à ce sujet ; ainsi, par exemple, *parfait* et *perfection* sont des *péritifs* de la même sorte et de variétés différentes, tandis que *intercéder* et *inter*vertir, sont deux *intéritifs* de même variété, mais de diverses sortes.

Quant aux Classes, elles ne sont que des collections de genres plus ou moins nombreuses, en raison de quelques similitudes grammaticales observées dans les constructions des différens Ordres ; elles ne sont que des moyens de faciliter la distribution des différens genres dans leurs ordres respectifs ; et, par-là même, sont susceptibles de modifications. On se fera une idée de mon Système complet en jetant un coup-d'œil sur la table systématique, placée à la suite de ce Discours.

Les personnes peu versées dans l'application des principes de la Léxicographie, éprouveront des obstacles assez difficiles à surmonter, par des *fausses coupes léxiques*, d'après lesquelles elles confondront les Ordres et les Genres des Polysyllabes.

Les fausses coupes léxiques consistent dans la division d'un mot, faite de manière que l'on confonde avec le radical quelque chose des élémens prépositifs, ou quelque partie du radical avec les prépositions ; de même qu'on peut prendre quelques lettres du radical pour celles de la désinence, ou de la désinence pour celles du radical. Ces fausses coupes sont d'autant plus difficiles à éviter, que par l'effet fortuit des altérations, les Polysyllabes présentent quelquefois de *faux-joints* par l'union apparente de deux parties qui, isolément considérées, forment deux mots usités : par exemple, ne penserait-on pas, au premier aspect, que *parchemin* est par*chemin*, péritif de *chemin*, tandis que la vraie coupe de ce mot est parchem*in*, mot homologue de *pergaminum*, qui, loin d'être de l'ordre prépositif, est de l'ordre postpositif ? C'est par une erreur semblable que quelques Etymologistes ont fait un intéritif de *entrechat*, par la fausse coupe *entre*-chat, au lieu d'en faire un initif par celle-ci, *entrechat* (*intricatum*). Tous ont répété, comme fait historique, que *nepos* en latin, *neveu*, petit-fils, a signifié secondairement débauché, parce que les grands-pères gâtaient leurs neveux qui devenaient de mauvais sujets. Il est possible que, par l'uniformité, les deux signes aient ensuite servi à rappeler réciproquement leurs idées, eu égard à la coïncidence de celles des petits-fils gâtés par les grands-pères ; mais la coupe de *nepos*, *neveu*, est nepos, comme *neptis*, nièce, tenant à la même racine que nup*tum*, nup*tiæ*, &c. et la coupe de *nepos*, débauché, est certainement nepos, qui ne se possède pas, qui n'est pas maître de ses passions : analyse évidente, quand on songe que dans la même langue on dit, par cette locution, sui *com*pos, qui est maître de soi. Nepos, neveu, appartient donc aux constructions postpositives, et *nepos*, débauché, aux constructions radicales, faisant partie du genre contradictif. C'est encore par une fausse coupe léxique que l'on regarderait la désinence *ter*, existante dans *entier*, si on était tenté de prendre ce mot pour un postpositif; car il est dans le second ordre du genre initif. En effet, *entier* n'est pas en*tier*, mais *en*tier, pour *intègre*. J'ai remarqué que la plupart des objections que l'on m'a faites contre mon Système, portaient sur l'erreur d'une fausse coupe léxique, d'où on inférait que les genres impliquaient contradiction. Je lève ces différentes difficultés dans mon Cours complet, et il ne m'est possible, dans cet Abrégé, que d'en faire entrevoir le moyen; ces apperçus suffisent pour qu'on puisse juger que les formules léxicologiques sont plus difficiles à appliquer à l'analyse qu'à la synthèse des Polysyllabes.

Je ne m'étendrai pas davantage sur les notions qu'on peut avoir de mon Système, on les acquerra par la lecture de cet Abrégé, qui n'en est qu'une exposition analytique. Je le répète, cet ouvrage est susceptible d'être modifié sous le rapport des Sortes et des Classes; mais je crois que les formules génériques sont aussi exactes que possible. Je ne parlerai point de l'utilité de ce Système sous le rapport classique. Tout le monde conviendra que, s'il n'est pas trop compliqué pour être saisi par des jeunes gens de douze à quatorze ans (et c'est ce que je démontre par les résultats pratiques de l'instruction de mes Elèves), il est un des plus sûrs moyens, non-seulement de leur donner des idées justes, mais encore de leur faire lier et ordonner celles qui leur sont propres.

L'étude des Mathématiques est regardée comme un des meilleurs instrumens propres à former la raison des jeunes gens, parce que les élémens de cette science sont ordonnés, et présentent des idées cohérentes. Je crois avoir rendu, par mon travail, l'étude des langues susceptible du même avantage, avec cette différence que dans l'étude de celle-là, les jeunes gens ont une double difficulté à vaincre, celle d'acquérir des idées nouvelles et celle de les enchaîner; au lieu que dans l'étude de la Léxicologie, on leur fait ordonner les idées qu'ils ont acquises par l'usage et la pratique de l'expression de leurs besoins. On fait plus que de leur apprendre à raisonner, on les façonne à l'observation ; on les habitue à la marche des sciences naturelles ; car il est deux genres d'exercices auxquels il faut accoutumer l'intelligence, savoir l'enchaînement et la classification des idées. Les Mathématiques élémentaires présentent une série de propositions, et conduisent au premier but : la Léxicologie fait atteindre l'un et l'autre.

Du reste, je ne présente mon ouvrage, sous le rapport classique, que comme un moyen ajouté à ceux qui sont déjà en usage. Quelques Professeurs ont eu tort de penser que je venais renverser la didactique grammaticale, avec la prétention de faire mieux, et en beaucoup moins de temps, que ceux qui se sont distingués dans la carrière de l'enseignement. Je prie le public de ne point me confondre dans la foule de ces Novateurs qui ne voyent d'admissibles que leurs idées ; de ces Abréviateurs de la durée des études, qui n'apprennent en *peu* de temps que *très-peu* de choses.

Je ne propose qu'une modification,

non dans la méthode, mais dans le choix des objets de l'enseignement des langues latine et française, dont le Cours complet peut être fait en quatre ans, et de cette manière :

Dans la première année, apprendre aux Elèves les premiers élémens de la Grammaire latine et française, consistant dans la distinction des parties d'oraison de l'une et de l'autre langue, et des formes différentes des mots variables; c'est-à-dire dans le premier sémestre, leur rendre familière la connaissance des déclinaisons et conjugaisons; pendant ce temps, leur apprendre le plus de mots latins possibles, par l'usage pratique des deux langues qu'ils doivent parler en exprimant leurs besoins et leurs idées habituelles. Dans le second sémestre, leur enseigner la Léxicographie; là ils remarquent les rapports qui existent entre les mots dont ils se sont servis dans les deux idiomes; ils entrent dans le champ des observations, et ils recueillent le fruit de la liaison des idées qu'ils ont acquises dans le sémestre précédent; ils trouvent la raison suffisante des anomalies, qui, au premier aspect, leur paraissent inexplicables, et à la fin de l'année il n'est pas de mots français dérivés du latin, dont ils ne donnent toute forme intermédiaire, depuis sa primitive jusqu'à celle que *semble* avoir fixée l'orthographe du jour.

Dans le premier sémestre, seconde année, ils apprennent la Léxicologie latine et française, et à la fin de leur Cours il n'est pas de Polysyllabe dans les deux langues, auquel ils n'appliquent sa formule de construction ; on leur donne la confimation de ces principes, en passant de leur application aux mots usuels, à celles des mots remarqués dans les meilleurs Auteurs français et latins.

Leurs devoirs consistent dans une quantité de mots donnés qu'ils doivent expliquer, dont ils doivent développer le sens, en déterminant leur genre et leur sorte, en faisant disparaître leur syuonymie par la précision et l'application de leurs caractères génériques et spécifiques (1).

---

(1) Soit pour exemple cette

Question.

Quelle différence y a-t-il entre les mots *pesanteur* et *gravité* ?

Résolution.

Pour faire ressortir le caractère distinctif du sens respectif de deux mots, il faut d'abord en observer les traits de similitude. *Grave* et *pesant* se ressemblent en ce qu'ils expriment communément la propriété qu'a un corps de tendre vers un autre ; ils diffèrent en ce que *grave* exprime cette qualité en soi, sans avoir égard aux êtres qui la remarquent, cette qualité jugée par la force seule de l'intelligence ; c'est pourquoi sa formule d'abstraction est *in ordine ad se*, et du genre *abstractif-objectif* (598), tandis que *pesant* désigne la même qualité, mais conçue par le *poids* qu'elle fait supporter au centre de tendance, appréciée particulièrement par le témoignage des sens, ce qui s'indique par l'adjectif lui-même, comme *actif-présent* (501), et c'est pour cela, qu'en formule d'abstraction, la construction de ce mot est d'abstraction *in ordine ad nos*, et du genre *perceptif* (602) ; en un mot, la gravité considère la tendance d'un

Dans le second sémestre on enseigne aux Élèves la Grammaire générale et la

---

corps vers un autre, relativement à sa direction; et la pesanteur, eu égard à son *effort*.

Cela posé, on a la raison suffisante de l'emploi plus fréquent du mot *gravité* en Astronomie, et du mot *pesanteur* en Physique *expérimentale*; d'où les *pesanteurs*, et non les *gravités* spécifiques des corps; d'où la différence de la *pesanteur* à la *gravité* d'un homme, et la raison du sens *propre*, conservé dans la première expression, lorsque le sens *figuré* appartient exclusivement à la seconde; d'où, enfin, la raison léxicologique pour laquelle il est ridicule de dire qu'un Médecin prescrit avec *pesanteur* tel remède contre les *gravités* d'estomac, au lieu de dire qu'il prescrit avec *gravité* tel remède contre les *pesanteurs* d'estomac.

Telle est ma manière d'envisager cette question proposée dernièrement à Massieu dans un exercice public. Je l'ai prise pour exemple, parce que le citoyen Sicard prétendit que cette question n'était qu'une question de physique, et que Massieu ne pouvait la résoudre. Je pense au contraire qu'elle est purement léxicologique, et que Massieu l'aurait probablement résolue; car dans dix Leçons publiques que je lui ai données à l'Institution des Sourds-muets, l'an passé, il a parfaitement saisi la théorie et la pratique des for-

Logique, qu'ils sont parfaitement en état d'entendre; et c'est dans le Cours de cette année qu'ils peuvent étudier d'autres langues anciennes.

La troisième année a pour objet les traductions des Auteurs latins, depuis ceux qui s'entendent avec le plus de facilité, jusqu'à ceux qui ont le plus besoin de commentaires pour être interprétés.

Dans leur quatrième année ils peuvent suivre avec succès un Cours de Littérature ancienne et moderne : tel est l'ordre des occupations littéraires, suivi conjointement avec celui des travaux scientifiques dans les cinquième, quatrième,

---

mules prépositives et désinencielles de mon Système. Je ne dois pas passer sous silence, pour rendre hommage aux talens naturels de cet intéressant jeune homme, et aux moyens qui les ont développés, que ce résultat de sa sagacité est prodigieux, et d'autant plus étonnant, que la langue française (seul moyen que j'avais de communiquer avec lui), ne lui est pas du tout familière; il est vrai qu'il me devinait à demi mot, par un effet de la connaissance profonde qu'il paraît avoir de la langue des Sourds-muets.

troisième et deuxième Classes du Cours complet d'études de l'*Ecole Polymathique;* car l'esprit de cette Institution est de faire marcher de front l'étude des *Lettres* et des *Sciences* (1).

---

(1) Voyez le Programme de l'an ix.

TABLE SYSTÉMATIQUE

Des Constructions léxicologiques des langues latine et française, rapportées à trois Ordres, comme radicales, prépositives ou postpositives, selon que les parties construites des Polysyllabes sont des Racines, *des* Prépositions *ou des* Désinences.

PREMIER ORDRE

Comprenant les constructions radicales des *binomes réguliers* qui sont *initiatifs* ou *déclinatifs*, selon que l'on considère leur premier ou second terme comme constant, et le second ou le premier comme variable. D'où deux sous-ordres.......................... *page* 10

PREMIER SOUS-ORDRE.

Les initiatifs, dans lesquels on peut considérer le premier terme du binome ou le terme constant grammaticalement, comme adverbe, verbe ou nom, d'où trois classes d'initiatifs......... 14

PREMIÈRE CLASSE.

Les initiatifs *adverbiaux* renferment dix genres susceptibles chacun de se diviser en sortes et variétés..................page 15

Premier genre. Les approbatifs, deux sortes ; les proprement dits, ex. *bienfait* ; les cumulatifs, ex. *bientôt* : trois variétés, ex. *béné*fice, *bien*fait, *bon*heur................*ib.*

Deuxième genre. Les improbatifs, deux sortes ; les proprement dits, ex. *mé*vendre ; les cumulatifs, ex. *mau*dire ; quatre variétés, ex. *malé*diction, *mal*faiteur, *maus*sade, *mé*créant..........16

Troisième genre. Les contradictifs, ex. *né*goce ; cinq variétés, ex. *nég*liger, *né*ant, *ni*er, *nul* non-valeur................*ibid.*

Quatrième genre. Les duplicatifs, deux sortes ; les proprement dits, ex. *bis*sac ; les cumulatifs, ex. *bi*garure ; sept variétés, ex. *bis*section, *bes*aigue, *bi*voie, *bé*sicle, *ba*lance, *br*uit, *vingt*......17

Cinquième genre. Les dimidiatifs, ex. *sémi*ton ; trois variétés, ex. *hémi*sphère, *sémi*pite, *mi*-partie................18

Sixième genre. Les semiadditifs ; ex. *sesqui*altère. 19

Septième genre. Les infaustifs, ex. *vé*sanie, . *ibid.*

Huitième genre. Les numératifs, premier genre ; ex. *tri*dent ; deux variétés, ex. *tri*vial, *trè*fle. 20

Neuvième genre. Les numératifs, deuxième genre ; ex. *quadru*pède ; quatre variétés, ex. *quadru-*

mane, *quadrilatère*, *quadrangle*, *carrefour*, ainsi de suite pour le troisième genre, &c. pag. 20

Dixième genre. Les numératifs indéterminatifs, ex. *multi*forme ; deux sections, ex. *multi*plier et *poly*technique.................................21

II.ᵉ CLASSE.

Les initiatifs *verbaux* renferment autant de genres que l'on peut considérer de verbes différens qui entrent initialement dans la construction de ces binomes réguliers; ces genres de constructions radicales les plus usuels et les plus fréquens sont au nombre de sept, susceptible, à volonté, d'être augmenté ou diminué..............22

Premier genre. Les custoditifs, deux sortes ; les personnels, ex. *garde-côtes*; les objectifs, *garde-meuble*.............................22

Deuxième genre. Les transgressifs, ex. *passe-poil*..................................23

Troisième genre. Les perforatifs, ex. *perce-pierre*..................................ib.

Quatrième genre. Les suppositifs, deux sortes; les personnels, ex. *porte-croix* ; les objectifs, *porte-montre*..................................ibid.

Cinquième genre. Les attractifs, ex. *tirebouchon*.................................24

Sixième genre. Les giratifs, ex. *tourne-vis*..ibid.

Septième genre. Les préservatifs, ex. *parachute*. ib.

III. CLASSE.

Les initiatifs *nominaux*, comprenant, sous la désignation de nom, ce que les anciens grammairiens appellent substantif et adjectif, renferment quatre genres ....page 25

Premier genre. Les compensatifs, ex. *équilibre*.. *ib.*

Deuxième genre. Les prédilectifs, deux sortes ; les proprement dits, ex. *beau-temps*; les affectifs, ex. *beau-père*; trois variétés, ex. *belvéder, béfort, beau-temps* 26

Troisième genre. Les représentatifs, ex. *vice-consul*; deux variétés, ex. *vice-président, vicomte*. 27

Quatrième genre. Les exaltatifs, ex. *archidiacre*. Ce genre, par la nature de son caractère, exprime le passage des initiatifs aux déclinatifs..28

II.e SOUS-ORDRE.

Les déclinatifs n'offrent pas des caractères assez marqués pour être distribués en classes; ce sous-ordre se compose de dix-sept genres ; plus douze, dont les formules sont à volonté.....29

Premier genre. Les gubernatifs, établissant par le dernier genre du sous-ordre précédent le rapport des déclinatifs aux initiatifs; ex. Tétrarque; deux variétés, ex. *monarque, patriarche*........28

Deuxième genre. Les compréhensifs, deux sortes ; les proprement dits, anceps; les ordinatifs, princeps...29

Troisième genre. Les destructifs, ex. homicide..30
Quatrième genre. Les cultivatifs, ex. agricole. ibid.
Cinquième genre. Les expressifs, ex. véridique..31
Sixième genre. Les discursifs, ex. ventriloque. ibid.
Septième genre. Les portatifs; première division, en *fer, fère*, ex. fructi*fer*, fructi*fère*; deuxième division en *ger*, ex. belli*ger*...............32
Huitième genre. Les productifs, ex. honori*fique*; deux variétés latines, ex. ponti*fex*, muni*ficus*. 32
Neuvième genre. Les procréatifs, deux sortes; les actifs, ex. oxi*gène*; les énonciatifs, ex. homo*gène*; deux variétés, ex. nitrogène, bénigne. 33.
Dixième genre. Les génératifs, deux sortes; les proprement dits, ex. ovi*pare*; les figurés, fun*èbre*; trois variétés, ex. vivi*pare*, lugubre, couleuvre. 34
Onzième genre. Les configuratifs, ex. mami*forme*; deux sections, ex. myrti*forme*, ovoïde.....35
Douzième genre. Les stabilitifs, ex. fissi*pède*; deux variétés latines, ex. angui*pes* et soli*peda*....36
Treizième genre. Les répétitifs, ex. tri*ple*; deux variétés latines, ex. du*plex*, du*plus*; deux françaises, ex. centu*ple*, dou*ble*............ibid.
Quatorzième genre. Les fixatifs, quatre sortes; les proprement dits, ex. ju*ste*; les putatifs, ex. jan*séniste*; les occupatifs, ex. chymi*ste*; les congrégatifs, ex. carméli*tes*: deux variétés, la première comprend six sous-variétés, ex. tri*ste*, ecclésia*ste*, fune*ste*, honnê*te*, puri*ste*, adami*te*; la seconde, deux, ex. éque*stre*, champê*tre*..37

Quinzième genre. Les expansifs, deux sortes: les proprement dits, ex. *rond* : les cumulatifs, ex. *furibond* : trois variétés, ex. *rond, moribond, vérécond*................39

Seizième genre. Les onératifs, ex. succu*lent* : deux variétés latines, ex. pesti*lens* et vino*lentus*..40

Dix-septième genre. Les tuméfactifs ; ex. hydro*cèle*. Ce genre de déclinatif de construction purement grecque, n'est formulé que pour n'être pas confondu avec plusieurs genres de construction française équidésinente................41

On peut à ces dix-sept genres joindre presque exclusivement, pour le latin, les douze suivans, désignés pour cette raison par des *formules déclinatives*, AD LIBITUM...............42

Premier genre. Les modulatifs, ex. *lyricen*...*ib.*
Deuxième genre. Les illuminatifs, ex. *ignicolor.ib.*
Troisième genre. Les capillatifs, ex. *anguicomus.ib.*
Quatrième genre. Les manatifs, ex. *aurifluus*..*ib.*
Cinquième genre. Les diruptifs, ex. *saxifragus*..43
Sixième genre Les évasifs, ex. *centrifugus*....*ib.*
Septième genre. Les préhensifs, ex. *sacrilegus.ib.*
Huitième genre. Les adventifs, ex. *centripeta.ib.*
Neuvième genre. Les dominatifs, ex. *armipotens.ib.*
Dixième genre. Les auditifs, ex. *altisonus*...*ib.*
Onzième genre. Les erratifs, ex. *montivagus*..*ib.*
Douzième genre. Les manducatifs, ex. *herbivorus.ib.*

On y peut joindre, en seconde section, les analogues dérivés du grec en *phage*, comme icthyo-*phage*, &c..........................43

II° ORDRE

Comprenant les constructions prépositives des composés formés d'une, deux ou trois prépositions, d'où cet ordre de construction se divise en trois sous-ordres, dans chacun desquels les prépositifs sont dits du premier, deuxième ou troisième degré.................44

PREMIER SOUS-ORDRE.

Les prépositifs du premier degré n'offrant pas de caractères assez marqués pour être distribués en classes ; ce sous-ordre se compose seulement de 31 genres..................................

Premier genre. Les abitifs, deux sortes ; les proprement dits, ex. *abuser* ; les cumulatifs, *abnégation* ; trois variétés, ex. *abcès, aversion, aveugle*........................51

Deuxième genre. Les aditifs, quatre sortes ; les proprement dits, ex. *apposer* ; les propinquatifs, ex. *apporter* ; les négatifs, ex. *assaillir* ; les cumulatifs, ex. *admirer* ; trois variétés, 1°. ex. *adhérer* ; 2°. dans lesquelles le *d* de la préposition se change, d'où autant de sous-variétés qu'il y a de lettres attractives de cette consonne ; 3°. les aditifs, dans lesquels le *d* de la préposition s'est syncopé................64

Troisième genre. Les ambitifs, deux sortes ; les proprement dits, ex. *ambiant* ; les figurés, *ambition* ; trois variétés, ex. *ambarvales, amputer anfractuosité*..................page 56

Quatrième genre. Les antéitifs, trois sortes; les proprement dits, ex. *antichambre*; les temporatifs, *antidate*; les négatifs, *antipouce*; trois variétés, ex. *antécédent*, *anti*-prêtre, *Antarctique*...58

Cinquième genre. Les circuitifs, deux sortes; les proprement dits, ex. *circonférence*; les médiatifs, ex. *circonspect*; deux variétés, ex. *circoncision*, *circuit*.........................60

Sixième genre. Les cisitifs, ex. *cisalpin*........62

Septième genre. Les coïtifs, cinq sortes; 1°. les proprement dits, ex. *contenu*; 2°. les relatifs, ex. *concitoyen*; 3°. les négatifs, ex. *contester*; 4°. les temporatifs, d'où deux sous-sortes, les instantanéitifs, ex. *commotion*, et les successifs, ex. *constant*; 5°. les cumulatifs, ex. *confier* : trois variétés, 1°. ex. *confrère*; 2°. les coïtifs, dans lesquels le *n* de la préposition se change par attraction; d'où trois sous-variétés, ex. *commettre*, *correct*, *collaborateur* : 3°. par syncope de *n*, ex. *coopérer*......................63

Huitième genre. Les contraitifs, deux sortes; les proprement dits, ex. *contravention*; les subordinatifs, ex. *contre-amiral*; trois variétés, ex. *controverse*, *contradiction*, *contredire*........67

Neuvième genre. Les désitifs, cinq sortes; les proprement dits, ex. *déporter*; les completifs, ex. *démontrer*; les ablatifs, ex. *début*; les terminatifs, ex. *déclin*; les négatifs, ex. *défaire* : deux variétés, ex. *débattre*, *déshonorer*..............69

Dixième genre. Les disitifs, quatre sortes ; les séparatifs, ex. *diviser*; les négatifs, ex. *disparaître*; les terminatifs, ex. *distendre* ; et les cumulatifs, ex. *disséquer*; trois variétés, ex. *disputer, difficile, diminuer*......................73

Onzième genre. Les exitifs, trois sortes ; les proprement dits, ex. *extraire* ; les terminatifs, ex. *éveillé* ; les cumulatifs, ex. *épris*; deux variétés, 1°. ex. *évident*; 2°. trois sous-variétés, ex. *exquis, effet, escompté*......................76

Douzième genre. Les extraïtifs, ex. *extravaguer*. 78

Treizième genre. Les foritifs, deux sortes ; les proprement dits, ex. *fourvoyer*; les cumulatifs, *forlancer* : trois variétés, ex. *forbani, fourbu, hormis*......................79

Quatorzième genre. Les initifs, cinq sortes ; les proprement dits, ex. *incorporer*; les applicatifs, ex. *imposition*; les terminatifs, ex. *informer* ; les temporatifs, ex. *instant*; les contradictifs, ex. *ingrat*; deux variétés, *in* et *en*. La première variété comprend quatre sous-variétés, ex. *infini, immortel, irréparable, illégal*. La deuxième en comprend deux, ex. *enrhumer, emmener*..81

Quinzième genre. Les intéritifs, cinq sortes ; les proprement dits, ex. *interligne*; les médiatifs, ex. *intercéder*; les respectifs, ex. *s'entrebattre*; les négatifs, ex. *interdire*; les temporatifs, ex. *entr'acte*; deux variétés, ex. *interpeller* et *entreprendre*......................86

Seizième genre. Les intraïtifs, ex. *intrados*.....89

(lviij)

Dix-septième genre. Les introïtifs, ex. *introduire.* 89

Dix-huitième genre. Les intusitifs, ex. *intussusception*................90

Dix-neuvième genre. Les juxtaïtifs, ex. *juxtaposition*................91

Vingtième genre. Les obitifs, quatre sortes ; les proprement dits, ex. *occasion* ; les négatifs, ex. *obstacle* ; les amplexifs, ex. *occuper* ; les terminatifs, ex. *offrir*, trois variétés, 1°. *obtenir* ; 2°. les obitifs, dont le *b* de *ob* a été attiré, d'où trois sous-variétés, ex. *opposer, offenser, occasion* ; 3°. les obitifs syncopés, ex. *omettre*..92

Vingt-unième genre. Les péritifs, quatre sortes; les proprement dits, ex. *parcourir*; les médiatifs, ex. *permuter*; les terminatifs, ex. *parvenir*; les complétifs, ex. *parfait* ; deux variétés, ex. *pervertir, et parsemer*..................95

Vingt-deuxième genre. Les préitifs, deux sortes; les ordinatifs, ex. *préposé*; les temporatifs, ex. *prévenir*....................99

Vingt-troisième genre. Les prétéritifs, ex. *prétermission*........................100

Vingt-quatrième genre. Les postitifs, deux sortes ; les ordinatifs, ex. *postscriptum* ; les temporatifs, ex. *puîné* ; deux variétés en *post* et *puis*...102

Vingt-cinquième genre. Les proïtifs, six sortes ; 1°. les proprement dits, ex. *promener* ; 2°. les extractifs, ex. *produire* ; 3°. les terminatifs, comprenant deux sous-sortes, les positifs, ex. *protéger* ; les négatifs, ex. *proscrire* ; 4°. les représentatifs, ex. *pronom*; 5°. les cumulatifs, ex. *profond*; 6°. les temporatifs, ex. *promettre*; deux variétés, ex. *profiter* et *pourvoir*; dans la première trois sous-variétés, ex. *protéger*, *portrait* et *pollution*.................... 103

Vingt-sixième genre. Les réditifs, quatre sortes; les proprement dits, ex. *relire*; les négatifs, *repousser*; les libratifs, ex. *réciproque*; les complétifs, ex. *regorger*; trois variétés, ex. *redire*, *rédaction*, *r'avoir*.................... 106

Vingt-septième genre. Les rétroïtifs, ex. *rétro-actif*......................... 110

Vingt-huitième genre. Les séditifs, ex. *séduire*; deux variétés, ex. en *se séparer*, et en *s*, le *e* étant altéré, ex. *sobre*.................... 111

Vingt-neuvième genre. Les subitifs, quatre sortes; les proprement dits, ex. *souscoupe*; les ordinatifs, ex. *sous-lieutenant*; les temporatifs, ex. *subséquent*; les minoratifs, ex. *sourire*, trois variétés, 1°. en *sub* avec conservation ou altération de *b*, d'où trois sous-variétés, en *sub*, en *sub* altéré par attraction, et en *sub* altéré par syncope, 2°. en *subter*, 3°. en *sous* et *sou*, d'où deux sous-variétés.................... 113

Trentième genre. Les supéritifs, quatre sortes; les proprement dits, ex. *superficie*; les ordinatifs, ex. *surintendant*; les temporatifs, ex. *susdit*; les complétifs, ex. *surcharger*; cinq variétés, ex. *superfin*, *soubresaut*, *sobriquet*, *sourcil*, et *susciter*.................... 114

Trente-unième genre. Les transitifs, cinq sortes; les proprement dits, ex. *transplanter*; les temporatifs, ex. *transmettre*; les négatifs, ex. *trahir*; les mutatifs, ex. *transfigurer*; les complétifs, *tressaillir*, ex. deux variétés, première en trans pur ou altéré, d'où trois sous-variétés, ex. *transporter, transcrire, travers*; seconde, en *tres* pur ou altéré, d'où deux sous-variétés, ex. *tressaillir*, et *trépigner*.................117

Trente-deuxième genre. Les ultraitifs, ex. *ultramontain*; deux variétés, ex. *ultra*-révolutionnaire, *outre-mer*......................120

IIe ET IIIe SOUS-ORDRE.

Les prépositifs des deuxième et troisième degrés ne présentent que des combinaisons de ceux du premier degré, et prennent les dénominations multiples de leurs genres composans..........121

IIIe ORDRE

Comprenant les constructions postpositives des dérivés radicaux ou prépositifs formés par leur union à une, deux ou plusieurs finales, qui sont des terminaisons ou des désinences, selon que ces finales ne sont que des modifications différentes d'un même mot, ou des caractères de telle ou telle partie du discours, d'où deux sous-ordres.

PREMIER SOUS-ORDRE.

Les constructions postpositives, proprement dites, renferment ce qui est relatif aux déclinaisons et coujugaisons.................125

II° SOUS-ORDRE.

Les constructions désinencielles peuvent se distribuer en six classes....................133

PREMIERE CLASSE.

Les constructions désinencielles, comme signes des rapports de grandeur, plus particulièrement entre les objets qu'entre les qualités, d'où deux sous-classes, les augmentatifs et les diminutifs. 135

PREMIÈRE SOUS-CLASSE.

Les langues latine et française ne possèdent point d'augmentatifs directement parlant........*ib*.

II° SOUS-CLASSE.

Les diminutifs sont aussi rares en français, quant à la signification relative, que nombreux eu égard à leurs formes matérielles. Sous ce point de vue, cette sous-classe se divise en sept sections. 136

Première section. Les diminutifs en *el, eau*, deux variété, ex. cart*el*, tabl*eau*..............139

Deuxième section. Les diminutifs en *et*, dans la-

quelle on remarque une sorte féminine appellative, ex. ann*ette*..................... 142
Troisième section. Les diminutifs en *ille*, ex. flot*ille*............................ 144
Quatrième section. Les diminutifs, en *ole*, *euil*; deux variétés, ex. glori*ole*, fill*eul*........ 145
Cinquième section. Dans les mots en *on* on remarque quatre sortes de diminutifs ; les proprement dits, ex. pelot*on*; les partitifs, ex. échel*on*; les extractifs, ex. Sax*on*; les famulatifs, ex. Louis*on*: deux sortes d'augmentatifs de forme diminutive; les objectifs, ex. Ball*on*; les actifs, ex. bibero*n*... 146
Sixième section. Les diminutifs en *ot*, ex. fag*ot*. 151
Septième section. Les diminutifs en *ule*, *oule*, *eille*, d'où trois variétés, ex. lun*ule*, cib*oule*, ab*eille*.
.... 152

IIe CLASSE.

Les qualificatifs à base nominale, comprenant quinze genres...................... 162
Premier genre. Les comparatifs, ex. supér*ieur*; deux variétés, 1°. traduction par apocope complète, ex. maj*eur*; 2°. par apocope incomplète, ex. ma*ire*................... 163
Deuxième genre. Les superlatifs, deux sortes ; 1°. les adjectifs, ex. grand*issime*; 2°. les substantifs, ex. général*issime*; deux variétés, la première en *ime*, d'où deux sous-variétés en *ime*, max*ime*, en *issime*, illustr*issime*; la seconde en *éme*, ex. supr*éme* 165

Troisième genre. Les noms ordinaux, deux sortes ;
les proprement dits, ex. *deuxième* ; les partitifs,
ex. un dix*ième*, fractionnaire*ment* parlant ; deux
variétés, la première, en *ime*, d'où deux sous-
variétés en *ime*, comme cent*ime*, en *ésime*,
comme mill*ésime* ; la seconde variété en *ième*,
comme trois*ième*......................167

Quatrième genre. Les réplétifs, deux sortes ;
1°. les directs, ex. vin*eux* ; 2°. les indirects, ex.
ombrag*eux* ; quatre variétés, première en *eux*,
ex. vent*eux* ; la seconde en *ose*, vent*ose* ; la troisième en *oux*, ex. jal*oux* ; la quatrième en *u*,
ex. chen*u*.........................168

Cinquième genre. Les approximatifs, trois sortes ;
1°. les adjectifs, ex. pal*aud* ; 2°. les substantifs
personnels, ex. un fin*aud* ; 3°. les objectifs, ex.
quart*aut* ; deux variétés, en *aud*, ex. trig*aud*,
en *aut*, ex. lourd*aut*..................171

Sixième genre. Les dégradatifs, ex. rougeâtre..
..............................172

Septième genre. Les attributifs, trois sortes ; 1°. adjectifs, ex. ami*cal* ; 2°. substantifs personnels,
ex. colone*l* ; 3°. substantifs, objectifs ou locatifs, d'où deux sous-sortes, première, corpora*l* ;
deuxième hôpita*l* ; deux variétés, 1°. en *al* avec
l simple, ou *l* mouillé, d'où deux sous-variétés ;
la première, ex. généra*l* ; la seconde gouverna*il* ;
2°. variété en *el*, ex. journe*l*............173

Huitième genre. Les collectifs, deux sortes ; les dépréciatifs, ex. can*aille* ; les temporatifs, d'où

deux sous-sortes; les **temporatifs** actifs, ex. re‑
présailles; les **temporatifs** énonciatifs, ex. satur‑
nales ; deux variétés, l'une de la sous-sorte ac‑
tive en *ailles*, ex. sem*ailles*, l'autre de la sous‑
sorte énonciative en *ales*, ex. luperc*ales*..176

Neuvième genre. Quatre sortes; les proprement dits,
ex. harmon*ique* ; les substantifs personnels, ex.
un fanat*ique*; les objectifs, ex. une basil*ique*;
les abstractifs, ex. la log*ique*; deux variétés, en
ique et en *aque*; première variété, comprenant
cinq sous-variétés, 1°. en *ique*, ex. man*ique*;
2°. en *che*, ex. man*che*; 3°. en *ge*, ex. vol*age*;
4°. en *ic*, ex. publ*ic*; 5°. en *i*, ex. am*i*; deuxième
variété, comprenant deux sous-variétés, 1°. en
aque, ex. démoni*aque*; 2°. en *ac*, ex. Cogn*ac*.
..............................177

Dixième genre. Les exagératifs, ex. grot*esque*;
deux variétés en *esque*, ex. pédant*esque*; en
asque, ex. fant*asque*................182

Onzième genre. Les habitatifs, quatre sortes; les
proprement dits, ex. Améric*ain*; les congréga‑
tifs, ex. Orator*ien*; les occupatifs, ex. physi‑
cien; les collectifs numéraux, deux sous-sortes;
les masculins, ex. un quatr*ain*; les féminins,
une quinz*aine*; trois variétés, 1°. en *an*, ex.
Pers*an*; 2°. en *ain*, ex. Afric*ain*; 3°. en *en*, ex.
Pruss*ien* 185

Douzième genre. Les exortifs, sept sortes; les pro‑
prement dits, ex. argent*in*; les extractifs, ex.
Argev*in*; les congrégatifs, ex. Bernard*in*; les

(lxv)

occupatifs, ex. médecin ; les locatifs, deux sous-sortes; les masculins, ex. moulin, les féminins, ex. cuisine ; les diminutifs, deux sous-sortes, 1°. les objectifs, ex. gradin ; les appellatifs, ex. Victorine 187

Treizième genre. Les régionatifs, deux sortes; 1°. les proprement dits, d'où deux sous-sortes; les personnels, ex. Danois ; les locatifs, Gâtinois ; 2°. les figurés, ex. Marseillais ; 3°. les éloignés, ex. sournois ; deux variétés, en *ois*, ex. *Suédois*; en *ais*, ex. Français.................. 189

Quatorzième genre. Les compositifs fréquens en latin, ex. aureus...................... 250

Quinzième genre. Les assimilatifs, ex. rosacé. .... id.

Seizième genre. Les titulatifs, ex. prêtresse.. 254

IIIe CLASSE.

Les constructions verbales, divisées en deux sous-classes : dans la 194

PREMIÈRE SOUS-CLASSE

Sont compris les verbes premiers......... 194

IIe SOUS-CLASSE

Comprenant tous les verbes dérivés et formés de ces différens verbes, dont la base est une partie d'oraison........................... 195

Premier genre. Verbes secondaires, proprement dits, d'autant de sortes qu'il y a de circonstances

e

d'action; deux variétés en *er*, ex. second*er*; en *ir*, ex. blanch*ir*..................197

Deuxième genre. Les affectifs, deux sortes; l'une à base nominale, ex. caractér*iser*; l'autre à base adjective, ex. particular*iser*...............191

Troisième genre. Les inceptifs, cinq variétés; 1°. en *escer*, ex. acqu*iescer*; 2°. en *cir*, ex. noir*cir*; 3°. en *ouir*, ex. évan*ouir*, 4°. en *oître*, ex. cr*oître*; 5°. en *aître*, ex. par*aître*.................200

Quatrième genre. Les consécutifs, verbes secondaires à base de supin, ex. vi*ser*..........201

Cinquième genre. Les fréquentatifs, ex. ag*iter*. 203

Sixième genre. Les productifs verbaux, ex. just*ifier*; trois variétés, 1°. en *fier*, ex. fort*ifier*; 2°. en *faire*, ex. satis*faire*; 3°. en *fer*, ex. chauf*fer*..81

Septième genre. Les coactifs, ex. esur*ire*......41

Huitième genre. Les diminutifs gradatifs, ex. bu*voter*............................160

Neuvième genre. Les diminutifs fréquentatifs, ex. saut*iller*.............................161

Dixième genre. Les dépréciatifs verbaux, ex. chan*tailler*...........................177

Onzième genre. Les sinuatifs de différentes variétés, ex. tournoyer, naviguer, langayer, mâcher, manger, etc......................181

Douzième genre. Les péjoratifs verbaux, ex. ba*vasser*; deux variétés, 1°. en *asser*, ex. rêv*asser*; 2°. en *acher*, ex. amour*acher*.............259

IV.ᵉ CLASSE

Ayant pour objet les qualificatifs verbaux, et comprenant quinze genres................205

Premier genre. Énonciatifs verbaux, quatre sortes ; les proprement dits, ex. *médiat*; les personnels, ex. *soldat*; les objectifs, ex. un *mors*; les abstractifs, ex. *succès*; deux variétés, première à base de supin de la première conjugaison, d'où deux sous-variétés ; l'une en *at*, ex. *incarnat*; l'autre en *ade*, ex. *colonade*; la seconde ayant pour base un supin d'une des trois autres conjugaisons, ex. *confus*................206

Deuxième genre. Qualificatifs passifs, cinq sortes ; les adjectifs, ex. *aimé*; les personnels, un *débauché*; les indéclinables, *actives*, ex. *j'ai aimé*; les objectifs, un *échaudé*; les abstractifs, deux sous-sortes ; les masculins, ex. *procédé*, les féminins ou successifs, ex. *tournée*........209

Troisième genre. Les actifs présens, cinq sortes ; les adjectifs, ex. *aimant*; les personnels, ex. un *correspondant*; les objectifs, ex. un *montant*; les abstractifs, ex. un *ascendant*; les gérondifs, ex. *pouvant*................215

Quatrième genre. Les énonciatifs présens, trois sortes ; les adjectifs, ex. *absent*; les personnels, ex. un *négligent*; les objectifs, ex. un *récipient*; deux variétés en *ant*, ex. *amant*; en *ent*, ex. *intelligent*................218

Cinquième genre. Les actifs futuritifs, existans en latin seulement, ex. *amaturus*............200

Sixième genre. Les passifs futuritifs, n'existans en français que par traduction, quatre sortes; les proprement dits, ex. *révérend;* les personnels, ex. *ordinand;* les objectifs, ex. *multiplicande;* les abstractifs, ex. *offrande;* deux variétés en *and* et *ande,* ex. *ordinand, multiplicande;* en *end* et *ende,* ex. *révérend, dividende* 221

Septième genre. Les assuéfactifs, trois sortes; les proprement dits, ex. *mangeur;* les occupatifs, ex. *traiteur;* les objectifs, ex. *curseur;* deux variétés, l'une à base de supin, ex. *facteur;* l'autre à base impérative, ex. *faiseur*............ 225

Huitième genre. Les apparatifs, quatre sortes; les proprement dits, ex. *préparatoire;* les locatifs, ex. *oratoire;* les objectifs, ex. *écritoire*.... 235

Neuvième genre. Les facultatifs actifs, deux sortes; les proprement dits, ex. *délibératif;* les substantifs, ex. un *correctif* 232

Dixième genre. Les facultatifs passifs, deux sortes; ceux de droit, ex. *blâmable;* ceux de fait, ex. *faisable;* deux variétés, 1°. en *able,* ex. *sortable;* 2°. en *ible,* ex. *exigible* 233

Onzième genre. Les dispositifs, quatre sortes; les actifs, ex. *agile;* les passifs, ex. *docile;* les substantifs, d'où deux sous-sortes; les locatifs, *menil;* les objectifs, *outil;* deux variétés, 1°. en *ile,* ex. *mobile,* 2°. en *il,* ex. *fournil*.......... 236

Douzième genre. Les adhésifs, deux variétés; 1°. en *ace,* ex. *rapace;* 2°. en *oce* et en *ouche,* d'où deux sous-variétés, ex. *féroce* et *farouche.* 137

Treizième genre. Les manifestatifs, deux sortes; les actifs, ex. av*ide*; les énonciatifs, tim*ide*: deux variétés, 1°. en *ide*, ex. torr*ide*; la deuxième avec syncope de *i*, ex. chaud, roide, etc...239
Quatorzième genre. Les displicitifs, ex. bav*ard*. 241.
Quinzième genre. Les exercitifs, six sortes; les adjectifs, ex. consul*aire*; les personnels, ex. charpent*ier*; les objectifs, brévi*aire*; les locatifs, gren*ier*; les despectifs, en *ier* seulement, ex. tripot*ier*; les végétatifs en *ier* seulement, ex. prun*ier*: trois variétés, 1°. en *aire*, ex. popul*aire*; 2°. en *ier*, ex. fruit*ier*; 3° en *ard*, ex. puis*ard*...242

Ve CLASSE.

Les noms abstractifs contiennent vingt genres, y compris tous ceux traités latéralement dans les autres classes.........................
Premier genre. Les abstractifs-objectifs, deux sortes; les proprement dits, ex. amabi*lité*; les figurés, ex. une divi*nité*: trois variétés, ex. vé*rité*, du*reté*, bon*té*.....................
Deuxième genre. Les perceptifs, trois sortes; les proprement dits, ex. terr*eur*; ceux pris en sens d'abstractifs-objectifs, ex. gross*eur*; et les perceptifs-objectifs, ex. liqu*eur*............264
Troisième genre. Les progressifs, ex. longi*tude*: deux variétés, ex. lati*tude*, amer*tume*.....257
Quatrième genre. Les confusifs, deux sortes; les actifs, ex. hach*is*, les énonciatifs, ex. treill*is*. 268

Cinquième genre. Les systématifs, ex. républicanisme 269
Sixième genre. Les opératifs, quatre sortes; les proprement dits, ex. batt*age*; les lucratifs, ex. chauff*age*; les possessifs, ex. terr*age*; et les objectifs, ex. boc*age*................... 272
Septième genre. Les modificatifs, deux sortes; les actifs qui se divisent en deux sous-sortes; les actifs proprement dits, ex. mouve*ment*; et les actifs-objectifs, ex. firma*ment* : de la seconde sorte sont les adverbes, ex. subite*ment*... 273
Huitième genre. Les noms-actifs, deux sortes; les proprement dits, ex. atten*tion*; les figurés, ex. pen*sion*; deux variétés, ex. fu*sion*, foi*son*..274
Neuvième genre. Les infinitifs, deux sortes; les proprement dits, ex. *le boire*; les déterminatifs, ex. un dîner; quatre variétés, ex. le dîn*er*, le repent*ir*, l'av*oir*, le b*oire*........................ 279
Dixième genre. Les impératifs, ex. une frappe. 181
Onzième genre. Des abstractifs-absolutifs, deux sortes; les proprement dits, ex. *la* perfi*die*; les déterminatifs, ex. *une* perfi*die*, &c. quatre variétés, ex. jus*tice*, prêt*rise*, inc*urie*, force; cette quatrième variété comprend trois sous-variétés, ex. en*fance*, lou*ange*, ver*gogne*.........286
Douzième genre. Les locatifs-exercitifs, trois sortes; les proprement dits, ex. une imprim*erie*; les abstractifs, ex. l'artill*erie*; les objectifs, ex. de la quincaill*erie*........................ 290
Treizième genre. Les reprobatifs, ex. coquin*erie* 291

(lxxj)

Quatorzième genre. Les sociatifs, deux sortes; les prochains, ex. politesse; les éloignés, ex. vîtesse 292

Quinzième genre. Les sécrétifs, ex. *le blanc, le noir*.................................. 294

Seizième genre. Les subsécutifs, trois sortes; les actifs, ex. tut*elle*; les énonciatifs, ex. parent*elle*; les objectifs, ex. chand*elle* 143

Dix-septième genre. Les précipitatifs, ex. roulade. 209

Dix-huitième genre. Les munératifs, deux sortes; les proprement dits, ex. sén*at*; les feudatifs, ex. com*tat* 246

Dix-neuvième genre. Les extensifs, deux sortes; les mensuratifs, ex. bouch*ée*; les immensuratifs, ex. vin*ée*................................. 248

Vingtième genre. Les décuplatifs, ex. cinqu*ante*. 252

Vingt-unième genre. Les résultatifs, trois sortes; les proprement dits, ex. struct*ure*; les occupatifs, ex. agricult*ure*; les objectifs, ex. une grav*ure* 252

VIe CLASSE.

Les noms concrets, traités latéralement dans les autres classes sont jusqu'ici au nombre de quatre genres ....

Premier genre. Les auxiliatifs de forme déclinative, ex. concili*abule*; quatre variétés, ex. *abulum, ibulum, aculum, iculum*; *abule, ibule, acule, icule*;

chacune de ces variétés comprend trois sous-variétés, 1°. en *abule*, *able*, *abre*; 2°. en *ibule*, *ille*, *ibre*; 3°. en *acule*, *acle*, *acre*; 4°. en *icule*, *icle*, *icre* 155

Deuxième genre. Les insertifs, deux sortes ; les primitifs, ex. chênaie ; les secondaires, ex. boulai : cinq variétés, ex. oseraie, d'aunoi, vibrais, saussai, tillet................................192

Troisième genre. Les noms-auxiliatifs, deux sortes ; les proprement dits, ex. gratoir ; les locatifs, ex. trottoir : deux variétés, ex. battoir, lardoire. 256

Quatrième genre. Les augmentatifs-péjoratifs, trois variétés, ex. populace, hommasse, plâtras, ganache...................................268

FIN DE LA TABLE.

THÈSES LEXICOLOGIQUES.

NOTIONS PRÉLIMINAIRES.

1. La Léxicologie, ayant pour objet la connaissance et la coordination des mots, repose sur la détermination de leurs *fonctions*, et on doit entendre par *fonctions* des mots, les différens emplois qu'on en peut faire comme moyens d'exprimer des idées.

2. Les fonctions des mots sont *dogmatiques* ou *léxicologiques*. Dans le prémier cas elles consistent uniquement dans le moyen d'emploi des mots par rapport à leur signification; dans le second cas, elles ont pour base la distinction des différentes idées d'un même mot, en raison des différentes parties qui le composent.

DES FONCTIONS DOGMATIQUES.

3. Ces fonctions sont au nombre de quatre, d'où les mots se divisent en *réels*, *hypothétiques*, *rationels* et *imaginaires*.

Des mots réels.

4. Un mot réel est celui qui existe dans une langue, comme partie du discours, et qui est en usage comme signe de telle ou telle idée : par exemple, *homme*, *bon*, *naturellement*, sont des mots réels.

5. On distingue dans les mots réels le sens *propre*, ou celui qui leur est originairement attaché, et le sens *figuré*, celui qui leur est sécondairement attribué par un rapport quelconque de celui-ci avec le sens primitif.

6. Le passage d'un mot de son sens propre à son sens figuré, se nomme *trope*, et les différens tropes peuvent se rapporter à trois grandes classes : l'*extension*, la *compréhension* et la *relation*.

7. L'*extension* consiste en ce qu'un mot

passe de sa signification particulière à une valeur générale, et ce trope comprend tous les cas d'une figure appelée *catachrèse*; c'est par catachrèse que l'on dit *fer d'argent*, parce que *fer*, du sens particulier d'instrument fait de tel métal, est passé à celui général d'instrument fait d'un métal quelconque.

8. La *compréhension* consiste en ce qu'un mot se prend de sa valeur générale dans une acception particulière, d'où tous les *termes techniques*, les *expressions consacrées*; et ce trope comprend tous les cas d'une figure que l'on doit appeler *synécdoque*; c'est par synécdoque que l'on dit un *tailleur* pour un faiseur d'habits, parce que *tailleur* du signe d'un homme dont l'habitude est de tailler chose quelconque, est devenu celui d'un homme qui ne taille que ce qui est relatif à l'habillement.

9. La *relation* forme le caractère de la troisième classe de tropes, celle-ci consiste dans le passage du sens *propre* au sens *figuré* par un rapport, ou analogie quelconque du premier au second. Si le sens figuré résulte d'une comparaison mentale, la figure

par laquelle se fait le changement est la *métaphore*, et on attribue à la *métonymie* tous les tropes provenans de l'emploi du nom de la cause pour celui de l'effet, et réciproquement ; de celui du contenant pour celui du contenu, de l'antécédent pour le conséquent, du signe pour la chose signifiée, du lieu pour l'instrument, de la partie pour le tout, &c.

Des mots hypothétiques.

10. Un mot *hypothétique* est celui qui, n'étant pas d'usage, sert de base à un mot *réel* formé sur lui par l'addition d'une ou plusieurs parties initiales ou finales ; ainsi *fame* est un hypothétique, parce qu'il sert de base à *in*fame et à fam*eux*; *spect* est un hypothétique, parce que sans lui on n'aurait ni *spect*acle, ni a*spect*, ni re*spect*.

11. Les hypothétiques se servent de bases les uns aux autres, souvent avant d'être celle d'un mot réel. Par exemple, *cipiend* est hypothétique de *re*cipiend, qui, pareillement hypothétique, sert de base au réel recipiend*aire*.

12. Tels mots sont réels en latin, qui ne le sont pas en français, et réciproquement. Par exemple, *vereri* est réel, *vérer* est hypothétique et ne se trouve que dans le réel *révérer* ; *verendus* est réel, ainsi que *reverendus*, le réel *révérend* est un mot à base hypothétique. De *vereri*, *vérer*, *verecundus* est réel, *vérécond* ne l'est plus. *Verecondatus* s'est perdu ainsi que *vérécondé* ; mais si *deverecondatus* n'est plus en usage, il n'en est pas de même de *dévérécondé* devenu *dévergondé*.

13. La confusion qui existe dans les idées composées vient souvent des hypothétiques, qu'il est aussi important de connoître que les réels.

Des mots rationels.

14. Un mot *rationel* est celui dont la confection n'est point contraire aux loix de la Léxicologie, et qui peut être consacré par l'usage : abstraction faite de la fonction hypothétique qu'il peut remplir d'ailleurs ; *conscrire*, *révolutionnaire*, *scissionaire*, n'étaient que des mots rationels il y a quinze ans.

Des mots imaginaires.

15. Un mot *imaginaire* est celui dont les parties présenteraient un composé d'idées incompatibles, tels sont *remourir, retuer*, etc.

16. Il y a cependant des mots imaginaires qui sont usités, mais par une figure d'exagération qu'on nomme *hyperbole*; ils ne peuvent être pris à la lettre : tels sont *revivre, renaître*.

DES FONCTIONS LÉXICOLOGIQUES.

17. Pour ordonner les mots dans leurs fonctions léxicologiques, il faut distinguer les parties qui entrent dans leur formation, et que nous rangerons dans trois ordres, les *racines*, les *prépositions*, les *désinences*.

18. On entend par *racine*, un mot simple, ou considéré comme tel, qui sert à représenter une idée principale, susceptible d'être modifiée par celles dont les signes s'unissent à la gauche ou à la droite de cette *racine*.

19. On entend par *préposition* un mot réel ou hypothétique, représentant en général des rapports d'*espace* ou de *temps*, et qui modifie très-souvent, par son sens propre ou figuré, l'idée de la racine à la gauche de laquelle il s'unit.

20. On entend par *désinences*, certaines parties qui, sans être essenciellement censées mots primitifs, s'unissent à la droite des racines, et en modifient les idées par celles de *quantité* ou *qualité* quelconques.

21. On divise les *racines* en *naturelles* et *conventionnelles*. Dans les premières on apperçoit la raison suffisante de leur analogie, avec l'idée qu'elles représentent. On comprend sous la dénomination des secondes, toutes celles dans lesquelles il ne reste aucune trace de cette analogie : par exemple, *fr* prononcé, semble peindre l'action par laquelle les parties d'un tout se meuvent ou se détachent à l'occasion d'une force active qui s'exerce contr'elles, et *fr* est une racine naturelle dans *frotter*, *frémir*, en*freindre*, *fracasser*. Parce qu'on ne voit pas la raison de *six*, en fonction de 6, plutôt que de 8, ni celle de *huit*, en

fonction de 8, plutôt que de 6 : ces racines, des mots *six* et *huit*, sont dites *conventionnelles*.

22. Les racines naturelles sont *mimophoniques*, quand la raison suffisante de leur signification est dans le son ou l'articulation que produit, en les prononçant, l'organe vocal, *houssine*, *bêler*, *miauler*, sont des mots formés sur des racines *mimophoniques*. Ces sortes de mots sont regardés comme le résultat d'une figure qu'on nomme *onomatopée*, et qu'il est plus raisonnable d'appeler *mimophonie*.

23. Quelques étymologistes appellent *mimographiques* les racines naturelles, de la signification desquelles la raison suffisante réside dans les formes ou la figure que prend l'organe vocal en les prononçant : par exemple, *cap* est une racine *mimographique*, comme signe naturel de tout ce qui peut comprendre et contenir.

24. Les mots en fonction léxicologique, relativement à leurs *racines*, sont des *radicaux*; relativement à leurs *prépositions*, des *prépositifs*, et à leurs *désinences*, des *postpositifs*. D'où trois ordres de fonctions

léxicologiques : les fonctions *radicales*, quand on considère le mot dans ses rapports comme radical avec des prépositions ou des désinences qui s'y unissent ; les fonctions *prépositives*, quand on considère le mot sous les rapports des prépositions qui le composent avec les parties qui constituent son *radical* (1); et les fonctions *postpositives* ou *désinencielles*, quand on envisage un polysyllabe sous le point de vue des désinences unies avec le radical pur, ou composé lui-même de prépositions.

25. L'action, et plus ordinairement le résultat de l'action par laquelle on combine les différentes parties composantes des mots d'où dérivent les fonctions léxicologiques, se nomme *construction*. Les constructions sont *radicales*, *prépositives*, ou *postpositives*, selon que l'on combine les racines entre elles, les prépositions avec les radicaux, ou les désinences avec ces radicaux, purs ou composés de prépositions.

---

(1) Qui peut être formé d'une ou plusieurs *racines*.

DES CONSTRUCTIONS RADICALES.

26. Les radicaux ou mots en fonctions radicales sont *monomes, binomes, trinomes*, ou en général *polynomes,* selon qu'il entre dans leur formation un, deux, trois ou plusieurs *racines*. En fonction radicale, *incommensurabilité* est un *monome,* comme ne comprenant qu'une *racine ; maintenir*, un *binome,* comme formé de deux racines, &c.

27. La classification des mots, comme *monomes*, ne peut se faire qu'en conséquence d'un système raisonné des *racines,* ouvrage qui manque à la DOGMATIQUE, parce qu'on s'en est occupé avant d'avoir déterminé dans les mots la valeur des parties avec lesquelles les racines sont engagées.

28. Les *trinomes* sont si rares, qu'il n'est

possible de généraliser que les constructions des *binomes*, qui sont *irréguliers* ou *réguliers*. Les uns sont ceux dans lesquels on voit une même *racine* tantôt en fonction de *premier terme*, tantôt en fonction de *second terme* du *binome*, en appelant premier terme la racine initiale, et second la racine finale. Si, par exemple, *avarus* est pour *avaurus*, on voit la racine *av*, signe d'un desir immodéré, comme dans *avere*, en fonction de premier terme, et *aur* de *aurum*, en fonction de second terme, par métonymie de la matière à l'objet fabriqué; tandis que cette racine, *aur*, est en fonction de premier terme dans *aurifaber*, *orfèvre*.

29. Les *binomes réguliers*, bien moins rares que les *irréguliers*, sont ceux dans lesquels on peut considérer un des deux termes comme *constant*, et l'autre comme *variable*; d'où les *binomes réguliers* seront *initiatifs* ou *déclinatifs*, selon que l'on regardera comme *constant* leur premier ou leur second *terme*.

30. Les binomes réguliers qui ont un terme commun, soit comme *initiatifs* ou

comme *déclinatifs*, ont une idée commune et forment un *genre*.

31. Si différens termes communs de plusieurs initiatifs ou déclinatifs présentent quelques rapports par lesquels on peut en former quelques collections de genres, ces collections s'appelleront des *classes*, qui toutes rentrent dans un *ordre*, celui des *constructions radicales*.

32. Chaque genre de binomes réguliers porte un nom commun, comme signe de l'idée qui leur est commune, et cette dénomination générique se nomme *formule*, au moyen de laquelle on peut construire tous les mots du genre, étant donnée la racine variable. Par exemple, tous les mots en *bene*, *bien*, *bon*, &c. étant dits *approbatifs*, l'approbatif de *faire* est *bien*faire et *bon*heur est l'approbatif de l'hypothétique *heur*.

33 Quand l'idée générique d'un binome régulier est susceptible de se prendre dans des acceptions différentes, le genre se divise en autant de *sortes* qu'il y a de sens particuliers dans lesquels peut se prendre la racine commune.

34. L'usage seul et la pratique d'une langue peuvent s'opposer à la confusion des *sortes* d'un genre, qui n'ont aucun signe auquel on puisse les reconnoître. Cet inconvénient est la source de la plûpart des erreurs de mots.

35. Dans toutes les sciences naturelles, les genres se divisent en *sortes*, et celles-ci en *variétés* et *sousvariétés*, sur des différences accidentelles qu'elles présentent dans les individus ralliés entre eux par un caractère spécifique. Mais comme en Léxicologie les *sortes* d'un genre n'ont aucun signe qui les distingue, elles ne peuvent pas se diviser en *variétés*.

36. Par un effet général de l'influence des altérations léxiques, un même mot a pris accidentellement différentes formes : d'où il résulte que la partie d'un binome régulier, en fonction de signe générique, peut avoir des formes différentes, sans pour cela avoir éprouvé aucun changement dans sa signification. Ainsi *bene*, *bien*, sont le double signe d'une même idée, deux variétés d'un même mot. *Benediction* et

biendire, sont deux variétés d'un même genre d'initiatifs.

57. Il faut donc remarquer que les genres ne se divisent pas en *sortes*, puis en *variétés*, mais qu'ils se divisent en *sortes* sous leur rapport dogmatique, et qu'ils se distinguent en *variétés* sous leur rapport léxique, et la description d'un genre de mots consistera dans la définition du genre, sa division en *sortes* quand il en comprendra, et sa distribution en *variétés* et *sous variétés*, quand le signe du genre aura subi quelques altérations accidentelles. Cela posé, en traitant

DES INITIATIFS,

58. On peut les distribuer en trois *classes* : 1°. ceux dans lesquels le terme constant, isolément considéré, est une partie du discours invariable, et qu'on nomme *adverbiaux*; 2°. ceux dans lesquels ce terme constant est un *verbe*, les *verbaux*; 3°. ceux dans lesquels ce même terme est un *nom*, pris dans toute la latitude des anciens, et cette troisième classe d'initiatifs est dite *nominale*.

DES INITIATIFS ADVERBIAUX.

Des approbatifs.

39. Un *approbatif* est un initiatif dont le terme constant est *bene*, *bien*, *bon*, et dont l'idée du terme variable s'unit à celle d'assentiment, de satisfaction, d'approbation, ou acquiert plus d'étendue par sa composition avec l'idée du premier terme.

40. Les approbatifs sont de deux sortes : les approbatifs, *proprement dits*, ceux dans lesquels l'idée du terme variable s'unit à celle d'assentiment, de satisfaction ou d'approbation, comme *béné*diction, *bien*fait.

Les approbatifs *cumulatifs*, ceux dans lesquels l'idée du terme variable acquiert plus d'étendue par sa composition avec celle du terme constant, comme *bien*tôt, *bien* loin.

41. Les approbatifs sont de trois variétés :
1°. En *bene*, comme *béné*fice, *béné*vole ;
2°. En *bien*, comme *bien*venue, *bien*séant ;
3°. En *bon*, comme *bon*jour, *bon*heur.

Des improbatifs.

42. Un improbatif est un initiatif, dont le terme constant est *male*, *mal*, *mau*, *mé*, et dont l'idée du terme variable s'unit à celle de rejection, repoussement, improbation, par jugement, ou sentiment, ou par l'une ou l'autre de ces manières réunies et portées au plus haut degré d'intensité.

43. Les improbatifs sont de deux sortes : 1°. Les improbatifs proprement dits, comme *mal-adroit*, *mécontent*; 2°. les improbatifs cumulatifs, ceux dans lesquels l'improbation est portée au plus haut degré d'intensité, comme *maudire*, *mépris*.

44. Les improbatifs sont de quatre variétés ;
1°. En *malé*, comme *maléfice*, *malédiction*;
2°. En *mal*, comme *malaise*, *malfaire*;
3°. En *mau*, comme *mouvais*, *maudit*;
4°. En *mé*, comme *méprendre*, *mévendre*.

Des contradictifs.

45. Un contradictif est un initiatif dont le
terme

le terme constant est *neg, né, ni, n, non*, et dont l'idée du terme variable se prend en sens contradictoire par ce genre de construction.

46. Il ne peut y avóir plusieurs sortes de contradictifs dont, les variétés sont au nombre de cinq :

1°. En *neg*, comme *nég*liger, *nég*oce.
2°. En *né*, comme *né*queo, *né*ant.
3°. En *ni*, comme *ni*mirum, *ni*er.
4°. En *n*, comme *n*eutre, *n*ul.
5°. En *non*, comme *non*valeur, *non*sanglant.

Des duplicatifs.

47. Un duplicatif est un initiatif dont le terme constant est *bis, bes, bi, ba, b, vi*, et dont l'idée du terme variable se prend en sens de répétition, de doublement et par extension d'augmentation indéfinie.

48. Les duplicatifs sont de deux sortes :

1°. Les duplicatifs *proprement dits*, ceux dans lesquels l'idée du terme constant est de duplication strictement parlant, comme *bis*sac, *bis*ayeul;

2°. Les *cumulatifs*, ceux dans lesquels

cette idée se généralise et devient celle d'augmentation indéfinie, comme *bes*ace *bi*garrure.

49. Les duplicatifs sont de sept variétés :
1°. En *bis*, comme *bis*section, *bis*tourné.
2°. En *bes*, comme *bes*son, *bes*aiguë.
3°. En *bi*, comme *bi*voyë, *bi*gamme.
4°. En *be*, comme *be*soin, *be*sace.
5°. En *ba*, comme *ba*lance, *ba*levre.
6°. En *b*, comme *b*ruit, *b*retelle.
7°. En *vi*, comme *vi*ginti, *vi*ngt.

Des dimidiatifs.

50. Un dimidiatif est un initiatif dont le terme constant est *hémi*, *sémi* ou *mi*, et dont l'idée est celle de la moitié d'un tout représenté par le terme variable.

51. Les dimidiatifs sont de trois variétés :
1°. En *hémi*, comme *hémi*sphère, *hémi*stiche.
2°. En *sémi*, comme *sémi*pite, *sémi*ton.
3°. En *mi*, comme *mi*partie, *mi*août.

52. Les dimidiatifs de la première variété ont toujours leur second terme immédiatement dérivé du grec, autrement ces mots seraient des barbaralexes.

Des sémiadditifs.

53. Un sémiadditif est un initiatif dont le terme constant est *sesqui* (1), et dont la valeur se compose de celle d'un demi de plus que l'unité désignée par le terme variable, comme *sesquialtère*.

Le rapport de 2 à 3 est sesquialtère, parce que le second terme 3 est composé du premier, plus la moitié de ce premier.

Des infaustifs.

54. Un infaustif est un initiatif dont le terme constant est *ve*, et dont l'idée du terme variable se prend en sens négatif par celui de malheur ou d'infortune, comme *ve*jovis, *ve*sanie.

Les cas d'application de cette formule sont très-rares tant en latin qu'en français.

---

(1) Les mots en *sesqui* sont assez nombreux en latin. Il est possible que ce terme *sesqui* soit une contraction de *semisque*, qui signifie *et demi*. Dans ce cas probable d'ailleurs, les sémiadditifs ne seraient pas des *binomes*, mais strictement parlant des *trinomes*.

Des numératifs.

55. Un numératif est un initiatif dont le premier terme est le signe pur ou altéré d'un nombre au-dessus de deux, et dont la signification est celle du second terme, répété autant de fois qu'il y a d'unités dans le premier.

56. Les numératifs sont dits du premier du deuxième genre, &c.(1), selon qu'ils ont pour premier terme le radical pur ou altéré de 3, 4, &c. et chacun de ces genres n'est que d'une seule sorte. On peut appeler genre *indéterminatif*, celui dans lequel le terme constant est *multi*, signe indéfini de pluralité.

57. Les numératifs du deuxième genre sont de deux variétés, la première en *tri*, comme *tri*vial, *tri*dent; la seconde en *tré*, *tré*fle, *tré*pied, &c.

58. Les numératifs du troisième genre sont de quatre variétés :

―――――――――――

(1) Du genre n, la valeur du terme constant étant $n-2$.

1°. En *quadru*, comme *quadrupède*, *quadrumane*.

2°. En *quadri*, comme *quadrilatère*.

3°. En *quadr*, comme *quadrangulaire*.

4°. En *carre*, comme *carrefour* (quadriforis).

59. On peut placer parmi les numératifs les analogues de la langue grecque, en les désignant comme numératifs de *forme grecque*. Ceux du premier genre sont les mêmes qu'en latin ; mais ceux du deuxième sont en *tétra*, comme *tétra*èdre, *tétra*gone, correspondans de *quadri*latère, *quadr*angle, quoique *tétra*èdre et *quadri*latère ne représentent pas la même idée ; et ainsi de suite de ceux du troisième, quatrième, cinquième genre, &c. en *penta*, en *héxa*, en *epta* et en *poly*, d'où les numératifs *indéterminatifs poly*technique, *poly*mathique, &c.

60. Tous ces différens initiatifs ont, pour la plupart, leur terme constant formé d'une partie du discours qui, prise isolément, est indéclinable : c'est ce qui en a fait former une classe de binomes

réguliers initiatifs, appelée *adverbiale*.

DES INITIATIFS VERBAUX.

61. Il est une seconde classe d'initiatifs plus marquée que la précédente; c'est celle dans laquelle le terme constant de chaque genre est la troisième personne singulière de l'indicatif présent d'un verbe, et que, pour cela, on peut appeler classe *verbale*.

Des custoditifs.

62. Un custoditif est un initiatif verbal, dont le premier terme *garde*, exprime, comme cause ou comme moyen, l'idée de veiller ou de servir à la conservation de l'objet représenté par le terme variable.

63. Les custoditifs sont de deux sortes, les *personnels*, ceux dans lesquels l'idée du terme constant se prend en sens de cause, Ex. *garde*malade, *garde*côtes; et les *objectifs*, ceux dans lesquels cette idée du premier terme se prend en sens de moyen ou d'instrument, comme *garde*manger, *garde*meuble, &c.

Des transgressifs.

64. Un transgressif est un initiatif verbal dont le premier terme *passe*, exprime ordinairement, comme moyen, l'idée de conduire au-delà d'un point ou d'une limite ce qui est représenté par le terme variable. Exemple, *passepoil*, *passelacet*.

Des perforatifs.

65. Un perforatif est un initiatif verbal dont le premier terme *perce*, exprime, comme cause ou comme moyen, l'idée de trouer l'objet désigné par le terme variable; comme *percepierre*, *perceneige*, &c.

Des suppositifs.

66. Un suppositif est un initiatif verbal dont le terme constant *porte*, exprime, comme cause ou comme moyen, l'idée de servir de base ou de soutien à l'objet désigné par le terme variable : tels sont *portecroix*, *portedieu*, *porteobjet*, *portemontre*.

Des attractifs.

67. Un attractif est un initiatif verbal dont le terme constant *tire*, exprime, comme cause ou comme moyen, l'idée d'une force exercée contre l'objet désigné par le terme variable, et tendante à lui faire parcourir l'espace compris entre lui comme résistance, et cette même force comme puissance : tels sont *tire*bouchon, *tire*bourre.

Des giratifs.

68. Un giratif est un initiatif verbal dont le terme constant *tourne*, exprime, comme cause ou comme moyen, l'objet désigné par le terme variable, faisant, sans changer de lieu, une ou plusieurs révolutions sur lui-même : tels sont *tourne*vis, *tourne*broche.

Des préservatifs.

69. Un préservatif est un initiatif verbal dont le premier terme *para* (1), exprime,

---

(1) Ce numéro paraît contradictoire au n°. 55. mais *para* est pour *pare à*, &c.

comme moyen seulement, l'idée d'obstacle et d'empêchement, apportés au résultat d'action désignée par le nom en fonction de terme variable : tels sont *parachute*, *paratonnerre*, &c.

70. Il est un plus grand nombre d'initiatifs verbaux que l'on pourrait formuler, si le besoin en multipliait les exemples, comme il peut y en avoir au contraire dans ceux ci-dessus déterminés, dont les formules paraîtront minutieuses, et dont on peut conséquemment ne faire aucun usage.

DES INITIATIFS NOMINAUX.

71. On comprend dans la troisième classe des initiatifs, ceux dont le terme constant appartient, insolément considéré, à l'une ou l'autre de ces deux parties du discours (nom ou qualificatif), connue autrefois par le seul mot *nom*, et cette classe sera dite *nominale*.

Des compensatifs.

72. Un compensatif est un initiatif nominal dont le premier terme latin *œqui*, français *équi*, exprime zéro de différence entre

deux ou plusieurs objets, relativement à une qualité qui, leur étant commune, est désignée par le terme variable : tels sont *équi*libre, *équi*valent.

Des prédilectifs.

73. Un prédilectif est un initiatif nominal dont le premier terme *bel*, *bé*, *beau*, pour le masculin ; *belle*, pour le féminin, exprime un sentiment de plaisir ou d'affection, éprouvé à l'occasion de l'objet, représenté par le terme variable.

74. Les prédilectifs peuvent être divisés en deux sortes. Les prédilectifs *proprement dits*, ceux dans lesquels l'idée de plaisir ou d'agrément est éprouvée à l'occasion d'objets inanimés, comme *beau temps*, *beaumont*, &c. les prédilectifs *affectifs*, ceux dans lesquels l'idée de plaisir est un sentiment d'affection suscitée par la personne que représente le terme variable, ou dans lesquels le premier terme n'est qu'une expression courtoise, adressée à la personne que désigne le second terme, comme

beausire, beauprince, beaupère, belle-mère, &c. (1).

75. Les prédilectifs sont de trois variétés :
1°. En *bel*, comme *bel*veder.
2°. En *be*, comme *be*fort.
3°. En *be. s*, comme *beau*vais.

Des représentatifs.

76. Un représentatif est un initiatif nominal, dont le premier terme *vice*, *vi*, exprime l'idée de remplacement en fonction de la qualité désignée par le terme variable, comme *vice*amiral, *vice*président.

77. Les représentatifs sont de deux variétés :
1°. En *vice*, comme *vice*roi, *vice*consul.
2°. En *vi*, comme *vi*dame, *vi*comte.

---

(1) C'est par un effet de ces formes courtoises prises toujours avec les personnes dont le commerce ne nous est pas familier, que, par l'usage qu'on en a fait en appellation des individus des familles dans lesquelles on est entré, les prédilectifs affectifs sont devenus, dans ces circonstances, des signes représentatifs de parens indirects.

78. Il est certains binomes réguliers dans lesquels un même mot peut être considéré constant en fonction de premier terme, et dans d'autres en fonction de second ; ces composés établissent le passage des constructions *initiatives* aux constructions *déclinatives*.

79. Par exemple, le mot *archi*, en fonction de terme constant dans les initiatifs, exprime, au plus haut degré, l'idée de l'élévation de l'objet représenté par le terme variable, et forme un genre d'initiatifs nominaux, qu'on peut appeler *exaltatifs*: tels sont *archi*prêtre, *archi*triclin, &c.

80. Ce terme *archi*, n'est qu'une modification du mot *arché*, des Grecs, signifiant *puissant, maître* ; lequel mot, sous forme *arque* ou *arche*, entrant en fonction constante de second terme, caractérise un genre de déclinatifs, qu'on peut appeler *gubernatifs*, parce qu'ils ne s'emploient qu'en sens politique, comme mon*arque*, patri*arche*, &c.

DES DÉCLINATIFS.

81. Il n'y a pas de rapports de similitude assez marqués entre les déclinatifs, pour pouvoir les distribuer en classes ; il faut seulement les suivre genre par genre.

Des compréhensifs.

82. Un compréhensif est un déclinatif dont le terme constant en latin *ceps*, quelquefois *cœps*, exprime, au sens primitif, l'idée de contenance ou compréhension ; et, secondairement, celle de *tête*, *chef*, jointe à l'idée représentée par le terme variable.

83. Les compréhensifs sont de deux sortes :

1°. Les *proprement dits*, quand le terme constant se prend dans son sens primitif : *auceps*, pour *aviceps*, oiseleur, qui prend les oiseaux ; man*ceps*, geolier, qui contient sous la main ;

2°. Les compréhensifs *ordinatifs*, quand le terme constant se prend dans son sens secondaire, comme dans prin*ceps*, prince, an*ceps*, douteux.

Des destructifs.

84. Un destructif est un déclinatif dont le terme constant, latin, *cida*, français, *cide*, exprime l'idée de couper, tailler, détruire l'objet désigné par le terme variable, comme homi*cida*, homi*cide* ; sui*cida*, sui*cide*.

85. Le nom de l'assassin en latin, se dit *cida* ; celui de son action, *cidium*, dérivation abstractive de *cida* ; *homicida*, tueur d'homme ; *homicidium*, destruction d'homme. L'un et l'autre mot, par altération convergente, arrivant à une forme identique, font en français, une seule et même expression qu' désigne et l'assassin et le crime.

Des cultivatifs.

86. Un cultivatif est un déclinatif dont le terme constant, latin, *cola*, français, *cole*, exprime l'idée de soin, de demeure, d'honneurs rendus relativement au lieu ou à l'objet désignés par le terme variable, comme regni*cola*, régni*cole* ; agri*cola*, agri*cole* ; publi*cola*, qui honore le peuple.

Des expressifs.

87. Un expressif est un déclinatif dont le terme constant, latin, *dicus*, français, *dique*, représente l'idée de la transmission de la pensée relativement à la valeur du terme variable, comme veri*dicus*, véri*dique* ; juri*dicus*, juri*dique*, &c.

Des discursifs.

88. Un discursif est un déclinatif dont le terme constant, en latin *loquus*, en français *loque*, exprime l'idée de la parole produite plutôt sous le rapport de sa formation organique, que sous celui de la pensée dont elle est le signe, jointe à l'idée du terme variable, comme ventri*loquus*, ventri*loque* ; nasi*loquus*, nasi*loque*.

89. On pourroit comprendre dans les discursifs les déclinatifs en *logus*, *logue*, venant du grec ; mais leur signification est plus analogue à celle des expressifs, tels que philo*logus*, philo*logue* ; chryso*logus*, chryso*logue*, &c.

90. On peut faire sur les discursifs la même observation que sur les destructifs,

pour les mots soli*loque*, col*loque*, de soli*loquium*, col*loquium*, et non de soli*loquus*, col*loquus* (n°. 85.).

Des portatifs.

91. Un portatif est un déclinatif dont le terme constant, en latin *fer* ou *ferus*, *ger* ou *gerus*, en français seulement *fère*, exprime l'idée de base ou soutien actif, comme cause plutôt que comme moyen, relativement à l'objet considéré comme effet, et désigné par le terme variable.

92. Ne pouvant déterminer d'une manière exacte les mots en *fer*, *ferus*, et les mots en *ger*, *gerus*, on les comprend sous la dénomination commune de *portatifs*, première division en *fer*, deuxième division en *ger*, comme fructi*fer*, fructi*fere*; mammi*fer*, mammi*fere*; lani*ger*, fumi*ger*, &c.

Des productifs.

93. Un productif est un déclinatif dont le terme constant en latin *fex*, *ficus*, en français, *fe*, *fique*, exprime l'idée de produire ou faire, la qualité ou la substance

désignées par le terme variable, abstraction de toute idée de base ou soutien.

94. Les productifs sont de deux variétés : en *fex, fe*, comme ponti*fex*, ponti*fe* ; en *ficus, fique*, comme magni*ficus*, magni*fique*, honori*ficus*, honori*fique*.

95. Il y a beaucoup de productifs réels ou hypothétiques qui, passant sous forme verbale, sont, pour le latin, en *ficare*; pour le français, en *fier*: et ces composés se nomment *productifs verbaux*, tels que glorifier, crucifier, justifier, &c.

Des procréatifs.

96. Un *procréatif* est un déclinatif dont le terme constant, en latin, *gnus, gena*, en français, *gne, gène*, exprime l'idée de l'être, de l'existence donnés ou reçus par l'objet que représente le terme variable.

97. Les procréatifs sont de deux sortes :

1°. Les *actifs*, ceux dans lesquels l'idée du terme constant est active, comme oxi*gène*, hydro*gène* ;

2°. Les *passifs*, ceux dans lesquels cette idée du terme constant est passive, comme homo*gène*, hétéro*gène*.

98. Les procréatifs sont de deux variétés : l'une en *genus*, *gena* ou *gène*, comme nitrogène ; alkaligène ; l'autre en *gnus*, *gna*, *gne*, comme benigna, bénigne ; maligna, maligne ; magnus, magne, qui ne se retrouve que dans Charlemagne. (*Carolus magnus*).

99. La racine *gen*, *gin*, *gon*, *gn*, existe en grec comme en latin et en français ; d'où, en nom abstrait, elle devient *gonia*, ••• ; genia, génie ; pour exprimer le nom de la science qui traite de la connaissance ou des développemens de l'objet désigné par le terme variable. On peut appeler ces déclinatifs des procréatifs *abstractifs*, tels sont théogonie, généalogie des *dieux* ; ostéogénie, science qui traite du développement des *os*, &c.

Des génératifs.

100. Un génératif est un déclinatif dont le terme constant en latin, *parus*, *perus*, per, ber, bris ; en français, *pare*, *bré*, vre, exprime l'idée de reproduction, de génération, relativement à l'objet désigné par le terme variable.

101. Il y a deux sortes de génératifs :

1°. Les génératifs *prochains*, ceux dans lesquels l'idée de réproduction est directement exprimée, comme *oviparus*, *ovipare* ; *viviparus*, *vivipare*.

2°. Les génératifs *éloignés* ceux dans lesquels l'idée de génération est figurée et confondue avec l'idée générale de *chose*, comme dans *salubris*, *salubre* ; *funebris*, *funèbre*.

102. On distingue, en français, trois variétés de génératifs :

1°. En *pare*, comme *ovipare*.

2°. En *bre*, comme *lugubre*.

3°. En *vre*, comme *couleuvre*.

103. Il faut remarquer que la sorte éloignée des génératifs n'est que conjecturale.

Des configuratifs.

104. Un configuratif est un déclinatif dont le terme constant, en latin, *formis*, en français, *forme*, exprime la disposition des parties d'un tout d'une manière semblable à celle dont sont arrangées les parties de l'objet désigné par le terme varia-

ble, comme mammi*forme*, infundibuli-*forme*, etc.

105. Du mot grec *oïdon*, l'hypothétique français, *oïde* (*image*, *figure*), est, comme terme constant de déclinatifs, à-peu-près l'équivalent de *forme* : tels sont ov*oïde*, sphér*oïde*, que l'on peut comprendre parmi les configuratifs grecs.

Des stabilitifs.

106. Un stabilitif est un déclinatif dont le terme constant, en latin, *pes*, *peda*, en français, *péde*, exprime l'idée d'une partie qui sert de base et de soutien, au tout considéré comme un être susceptible de locomotion ; jointe à l'idée désignée par le terme variable, tels que soni*pes*, ali*pes*, soli*pede*, etc.

107. Les stabilitifs sont de deux variétés en latin : l'une en *pes*, comme angui*pes* ; l'autre en *peda*, comme soli*peda*.

Des répétitifs.

108. Un répétitif est un déclinatif dont le terme constant, en latin, *plex*, *plus* ; en français, *ple*, *ble*, exprime, comme

qualité, l'idée d'une unité prise un certain nombre de fois déterminé ou non déterminé par le terme variable.

109. Les répétitifs sont de deux variétés en latin et en français. Exemple : Mul-ti*plex*, du*plus* ; multi*ple*, dou*ble*.

Des fixatifs.

110. Un fixatif est un déclinatif dont le terme constant, en latin, *stus*, *stris*, en français, *ste*, *stre*, exprime l'idée de cessation de mouvement, de fixation, purement et simplement ou relativement à une opinion partagée; à une application, comme *état* ou *fonction*, ou enfin à un ralliement vers un point ou un chef en forme d'association religieuse ou politique : idée de *fixation* déterminée par la valeur du radical variable.

111. Il y a quatre sortes de fixatifs :

1°. Les fixatifs *proprement dits*, ceux dans lesquels l'idée de fixation est purement et simplement spécifiée par l'idée du terme variable, comme ju*stus*, juste, tri*stis*, triste, qui est fixé sur le droit (*ju*), qui est fixé dans la douleur (*tri*).

2°. Les fixatifs *putatifs*, ceux dans lesquels l'idée de fixation est relative à une opinion à laquelle on *s'attache*, que l'on *embrasse*; comme janséni*ste*, girondi*ste*.

3°. Les fixatifs *occupatifs*, ceux dans lesquels l'idée de fixation est relative à une fonction, un emploi dont on fait sa profession, par une *application* habituelle; comme algébri*ste*, chymi*ste*.

4°. Les fixatifs *congrégatifs*, ceux dans lesquels l'idée de fixation est relative à une association nationale ou particulière soumise à des loix ou des règles communes, comme madiani*tes*, samni*tes*, barnabi*tes*, carméli*tes*, &c.

112. On peut distinguer, en français, deux variétés de fixatifs : 1°, ceux en *ste*, ceux en *stre*.

La première variété se subdivise en six sous-variétés;

1°. En *ste*, comme ju*ste*, tri*ste*.
2°. En *aste*, comme ecclésia*ste*, scholia*ste*.
3°. En *este*, comme mode*ste*, fune*ste*.
4°. En *ête*, comme honnê*te*.
5°. En *iste*, comme puri*ste*, copi*ste*.

6°. En *ite* (1), comme adam*ite*, samn*ite*.

La seconde variété comprend deux sous-variétés :

1°. En *estre*, comme équ*estre*, péd*estre*.
2°. En *étre*, comme champ*étre*.

Des expansifs.

115. Un expansif est un déclinatif dont le terme constant, en latin, *undus*, en français, *ond* (du réel *unda*, *onde*), exprime l'idée d'explication, de développement, en un mot d'*expansion*, relativement

---

Des minératifs.

113. (1) Il ne faut pas confondre avec les fixatifs en *ite*, un genre de déclinatifs très-usités en minéralogie, et dont le terme constant est *lite*, d'un mot grec qui signifie *pierre*; ces composés peuvent se nommer des *minératifs* : tels sont chryso*lite*, encepha*lite*, &c.

114. Il y a beaucoup de pierres, ou différentes autres substances du règne minéral, qui se terminent en *ite*, comme pyr*ite*, bar*ite*, stalact*ite*. Tous ces mots peuvent se ranger en diverses sortes, comprises dans le même genre de déclinatifs, étant des termes adoptés dans une même science.

à celle désignée par le terme variable.

116. Les expansifs sont de deux sortes :

1°. Les expansifs *proprement dits*, ceux qui n'expriment, par le second terme, que l'idée pure et simple qui lui est propre, comme *jucundus*, d'où *joconde*.

2°. Les *complétifs*, ceux dans lesquels l'idée d'expansion est portée au plus haut degré, ce qui se reconnoît par le surcroît *bundus*, *bond*; *cundus*, *cond*, comme mo-ri*bundus*, furi*bundus*; mori*bond*, furi*bond*, &c.

117. D'après le n°. précédent, on peut donc distinguer dans les expansifs, tant en latin qu'en français, trois variétés :

1°. En *dundus*, *dond*.
2°. En *bundus*, *bond*.
3°. En *cundus*, *cond*.

Des onératifs.

118. Un onératif est un déclinatif dont le terme constant *lentus*, *lens*, en latin; *lent*, en français, exprime, comme qualité, la valeur du terme variable, portée à l'excès, considérée en état de *surcharge:* tels sont viru*lent*, succu*lent*.

119. Les onératifs sont de deux variétés en latin :

1°. En *lentus*, comme vino*lentus*, &c.
2°. En *lens*, comme pesti*lens*, &c.

120. Il ne faut pas confondre les onératifs français avec un genre assez nombreux de qualificatifs à base verbale, nommés *énonciatifs présens*, caractérisés par la désinence *ent*,

Des coactifs.

121. Un coactif est un déclinatif verbal dont le terme constant *urire*, *urio* (de la racine *ur*), exprime l'idée d'un pressant besoin, d'une force irrésistible, en un mot de *coaction*, relativement à l'acte désigné par le terme variable, qui est toujours un radical supin. Exemple, *esurio* sur *esum* de *edo*, j'ai un pressant besoin de manger. Il en est de même de *parturio* sur *partum* de *pario*, &c. de tous les besoins de la nature.

122. Ce genre de verbe conduit assez naturellement à l'observation des autres verbes formés sur les supins. Par exemple, ceux en *itare*, *iter*, qui sont des *fréquenta-*

tifs ; els sont fréquentatifs de *agere*, agir, *palpare*, palper, les composés *agitare*, ag*iter*; palp*itare*, palp*iter*, &c. parce que le terme constant de ces mots est dérivé de la racine *it* de *itum*, *ire*, signe principal du mouvement ; mais en continuant ces observations plus loin, on arriverait aux constructions postpositives.

Des formules déclinatives AD LIBITUM.

123. Il y a encore beaucoup de déclinatifs dont on pourroit représenter le caractère générique par un seul mot qu'on appelle *formule* de genre ; il est bon seulement d'indiquer quelques-unes de ces formules dont on peut faire usage dans quelques analyses ou quelques synthèses. On peut considérer

Les *modulatifs* en *cen*, comme lyri*cen*, tibi*cen*.

Les *illuminatifs*, en *color*, comme atri*color*, igni*color*.

Les *capillatifs* en *comus*, comme flavi*comus*, angui*comus*.

Les *manatifs* en *fluus*, auri*fluus*, melli*fluus*.

Les *diruptifs* en *fragus*, *frage* ; naufragus ; saxifragus, saxifrage.

Les *évasifs* en *fugus*, *fuge*, febrifugus, fébrifuge ; centrifugus, centrifuge.

Les *préhensifs* en *legus*, *lége*, sacrilegus, sacrilége ; florilegus.

Les *adventifs* en *peta*, *pete*, centripeta, centripete.

Les *dominatifs* en *potens*, omnipotens, armipotens.

Les *auditifs* en *sonus*, altisonus, clarisonus.

Les *erratifs* en *vagus*, montivagus, nubivagus.

Les *manducatifs* en *vorus*, *vore*, comme herbivore, carnivore ; dans lequel genre on peut comprendre les correspondans du grec en *phage*, d'un verbe signifiant manger, tel que ictyophage, antropophage, mangeur de poisson (*ictyos*, poisson), mangeur d'hommes (*antropos*, homme

DES
CONSTRUCTIONS PRÉPOSITIV[ES]

124. Une construction prépositive es[t une] opération léxique, par laquelle on [joint] une ou plusieurs prépositions à un rac[ine] pour former un composé; d'où il ré[sulte] qu'en *formule générale* un *prépositi[f est]* un composé formé d'une ou plusieurs [pré]positions, qui, construites avec un [radi]cal, modifient l'idée principale du [radi]par celle accessoire d'un rapport q[uel]conque de situation dans *l'espace* ou [d'é]poque dans le *temps*.

125. Un prépositif est du premier, de[uxiè]me ou troisième degré, selon qu'il est f[ormé] d'une, deux ou trois prépositions [par] exemple, *posé* sert de base à un prép[ositif] du premier degré dans *composé*, à u[n]

deuxième degré dans *décomposé*, et à un du troisième degré dans *indécomposé*. Les langues latine et française ne fournissent pas d'exemples de prépositifs de degrés supérieurs au troisième.

126. La connoissance des formules prépositives, des deuxième et troisième degrés, étant une suite immédiate de celle des formules prépositives du premier degré, il n'est important de traiter que celles-ci d'une manière particulière. La dénomination de chacune d'elles est dérivée de sa construction avec le radical de *itum*, *ire*, joint à la désinence *if*, *ive*, signe de la faculté active. Ainsi un *aditif* est un composé de la préposition *ad*, avec un radical; un *abitif*, de la préposition *ab*, &c. *ad*mirer est l'aditif de *mirer*; *ab*user, l'abitif de *user*, &c.

127. Les rapports qui existent entre les prépositifs ne sont peut-être pas encore assez bien connus, pour qu'on essaie de les coordonner en *classes*. Il est certain que les abitifs, comme *abuser*, les exitifs, comme *extraire*, les foritifs, comme *forfaire*, les désitifs, comme *détourner*, &c. compren-

nent tous une idée commune; celle du terme quitté ou abandonné, &c. et qu'ils pourraient se réunir dans une même classe; mais les autres prépositifs paraissent plus difficiles à ranger de la même manière.

128. En regardant pour le moment les genres comme les plus grandes collections de prépositifs; et procédant à celles dans lesquelles chacun d'eux se divise; on y trouvera autant de *sortes* que la préposition composante a d'acceptions différentes dans ses constructions.

129. Il faut remarquer que les prépositions ayant un caractère générique, celui d'exprimer essentiellement des rapports de situation dans l'espace; par une analogie commune, l'idée propre de chacune d'elles peut se modifier de la même manière, et donner lieu par là à des sortes correspondantes dans des genres différens.

130. Par exemple, ne nous faisant idée du temps que par l'espace, il est très-naturel que plusieurs prépositions se soient prises figurément en sens *temporatif*, d'où la sorte *temporative* peut se trouver dans des genres divers: *antidate* est un *antéif*

de la sorte *temporative ;* conserver, un *coïtif* de la même sorte ; *prévenir, promettre,* &c. l'un un *préitif*, l'autre un *proïtif*, tous deux pareillement *temporatifs.*

131. Les idées de situation des objets dans l'espace, au propre comme au figuré, s'allient naturellement à celles d'ordre, d'où on rencontre plusieurs sortes *ordinatives* dans différens prépositifs. Tel *antécédent* est un antéitif *ordinatif ;* préposé un préitif de la même sorte, ainsi que *surintendant* et *subdélegué*, l'un comme *supéritif*, et l'autre comme *subitif.*

132. De même que toute quantité réelle est positive ou négative, ainsi tout mouvement dans l'espace est positif ou négatif, selon qu'on le considère sous tel point de vue donné ou sous un rapport contraire : delà plusieurs prépositifs *proprement dits*, et plusieurs du même genre *négatifs*. Par exemple, *ad* est le signe d'un mouvement produit vers un terme ; mais ce mouvement peut être dirigé *pour* ou *contre*, d'où l'aditif *positif*, comme dans *addonner, ajouter ; négatif*, comme dans *assaillir, assommer, arracher,* &c. *Con* marque

pluralité ou ensemble ; mais la pluralité éxiste, avec ou sans ordre, dans l'hypothèse de rapports éxistant entre les parties de l'ensemble ou dans l'hypothèse contraire ; d'où *confrère*, *concitoyen* sont des coïtifs *relatifs*, et *confusion*, *contester*, des coïtifs *négatifs*, &c.

133. Il est encore d'observation générale, que toutes les fois qu'un radical exprime la même idée que la préposition avec laquelle il est construit, ou une idée analogue, celle du composé se prend constamment en sens d'augmentation, et la construction qui en résulte est *cumulative*. Par exemple, *absolution* est l'abitif *cumulatif* de *solution* ; *dissection* est le disitif *cumulatif* de *section* ; *admirer* est l'aditif *cumulatif* de *mirer* ; *confier* le coïtif *cumulatif* de *fier* ; *épris* l'éxitif de la même sorte de *pris*, &c.

134. L'idée d'augmentation, qui, dans les sortes cumulatives se compose de l'identité des valeurs de la préposition et du radical, peut quelquefois n'être qu'une déduction de la signification propre et isolée de la préposition elle-même. Par exem-

ple, la signification de *de* est d'exprimer le double rapport des points de départ et d'arrivée, comme dans *dé*porter, *dé*marches ; mais cette double idée peut s'étendre à celle de tous les points intermédiaires, d'où une sorte d'augmentatifs dans les désitifs : tels sont *dé*montrer, *dé*crire, et cette sorte est dite *complétive*. Par une déduction analogue, repaître est un *réditif complétif* de *paître* ; *sur*charge est de charge, un *supéritif* de la même sorte, &c.

135. Par la raison qu'un prépositif d'un genre s'est pris en différens sens, d'où sont dérivées ses sortes, un même mot peut, dans certain cas, se prendre dans un sens ; et dans une autre circonstance, devenir le signe d'une autre idée ; c'est-à-dire, un un même mot être de deux sortes, selon les différens emplois que l'on en fait. *Dispenser* est un disitif terminatif, quand il équivaut, à-peu-près, à distribuer, et disitif-négatif, quand il signifie décharger totalement. On *dispense* des graces et des faveurs, et on *dispense* quelqu'un d'une action qu'il lui serait pénible de faire. *Procès*, en terme d'anatomie, est un proïtif *pro-*

D

prement dit dans *procès ciliaire*, et un proïtif négatif, en terme de palais, dans intenter un *procès* à quelqu'un, &c.

136. Enfin, ce qui complique quelquefois l'analyse ou la détermination d'un prépositif, c'est quand il est en même temps de deux sortes, ou qu'il comprend simultanément deux acceptions de la préposition avec son idée générique : tels sont *confus* au sens moral, qui est à-la-fois un coïtif négatif et cumulatif; *souvent*, *soudain*, qui sont des subitifs de la sorte temporative et de la sorte minorative, parce que la préposition *sub*, *sous*, se prend quelquefois en sens de postériorité de temps, et quelquefois de quantité en moins. Ces différens apperçus deviendront plus clairs, après le développement de chaque formule prépositive en particulier.

137. Les prépositifs, comme les binomes réguliers, se distinguent léxiquement en variétés et sous-variétés, selon les différentes altérations qu'ont pu éprouver leurs prépositions composantes : *parfait* et *perfection*, sont deux variétés différentes d'un même genre, &c.

158. Quand l'orthographe d'un prépositif présente quelques difficultés par sa complication, et qu'elle n'est pas conforme à la prononciation du mot, on en déduit la règle d'après l'exposition des variétés et sous-variétés du prépositif.

Des abitifs.

139. Les prépositions *a* ou *ab*, comme parties du discours, ne présentent en latin qu'une différence purement léxique; l'une se met devant une consonne, et l'autre devant une voyelle, toutes deux expriment l'éloignement d'auprès d'un terme donné, et non pas sortie d'un lieu; c'est ce qui caractérise ces prépositions, ou les variétés de cette préposition, de celle de *e* ou *ex*. Cette valeur étant bien fixée, on comprend pourquoi les grammairiens disent dans leur question *unde*, le nom de la personne de chez laquelle on vient se met à l'ablatif, avec *a* ou *ab*, ou *abs* (1), et celui du lieu

---

(1) On ne parle point de *abs* comme variété de *ab*, quoique ce mot entre dans plusieurs cons-

d'où on sort au même cas avco *e* ou *ex*. Cette même préposition *a* ou *ab*, qui sous cette dernière forme est devenue quelquefois *av*, se construisant avec plusieurs radicaux, en modifie les idées par la sienne propre ou figurée.

140. Un abitif est un prépositif formé d'une des variétés *a*, *ab*, *av*, d'une seule et même préposition qui, construite avec un radical, modifie l'idée principale du composé, par celle accessoire de l'éloignement d'auprès d'un terme donné, et quelquefois d'augmentation.

141. Les abitifs sont de deux sortes :

1°. Les abitifs *proprement dits*, ceux dans lesquels l'idée accessoire est d'éloigne-

---

tructions, comme dans *abstinere*, *abstenir* ; *abstrahere*, *abstraire* ; parce qu'on peut supposer que *abs* est pour *abse*, contraction de deux prépositions dont l'une signifie *éloignement* et l'autre *écartement*. Les constructions de la première étant des *abitifs*, celles de la seconde des *séditifs*, les mots en *abs* peuvent donc être regardés comme prépositifs du deuxième degré, et *abstenir*, *abstraire*, être des *abitifs-séditifs*.

ment, purement et simplement, comme dans *ab*jurer, *ab*user.

2°. Les *cumulatifs*, ceux dans lesquels l'idée du radical est elle-même d'éloignement, de séparation, comme dans *ab*horrer, *ab*négation.

142. Les abitifs sont de trois variétés, tant en latin qu'en français :

1°. En *a*, comme *a*missibilis, *a*missible; *a*versio, *a*version;

2°. En *ab*, comme *ab*uti, *ab*user; *ab*négatio, *ab*négation.

3°. Pour le latin en *au*, comme *au*ferre (enlever), *au*fugere (s'enfuir); pour le français en *av*, comme *av*orter, *av*eugle.

143. La règle d'orthographe des abitifs consiste à écrire chacune des trois variétés de la préposition, conformément à sa prononciation, en observant qu'il n'est pas d'abitif que de la deuxième variété, dont le radical commence par *b*, et que, conséquemment, cette lettre ne se double jamais

Des aditifs.

144. La préposition *ad* exprime essentiellement mouvement ou direction vers un point; mais aucun objet ne peut se mouvoir vers un terme, qu'en traversant une portion de l'espace; de manière que l'idée fondamentale de *ad*, peut s'allier à celle de l'espace parcouru, de l'espace qui se trouve entre le premier terme et l'objet; ou de l'espace à parcourir; de l'espace compris entre l'objet et le second terme ou le but proposé. La direction d'un objet vers un terme peut être considérée, relativement à ce terme, sous deux points de vue différens, *pour* et *contre*; d'où il résulte, en second lieu, une sorte *négative* d'aditifs. Enfin, si la préposition se construit avec des radicaux, dont l'idée soit analogue de la sienne, sa construction, dans ce cas, formera une sorte *cumulative*.

145. Un aditif est un prépositif formé de la préposition *ad*, pure ou altérée, par attraction ou par syncope, et qui, construite avec un radical, modifie l'idée prin-

cipale du composé par celle accessoire de mouvement produit vers un terme.

146. Les aditifs sont de quatre sortes :

1°. Les aditifs *proprement dits*, ceux dans lesquels l'idée du mouvement produit vers un terme est plus particulièrement considérée, relativement à l'espace parcouru (idée d'aller), comme *addonner*, *apposer* ;

2°. Les aditifs *propinquatifs*, ceux dans lesquels l'idée du mouvement produit vers un terme est considérée, relativement à l'espace à parcourir de l'objet mu, au terme proposé (en un mot, idée de venir), comme *accourir*, *apporter* ;

3°. Les aditifs *négatifs*, ceux dans lesquels l'idée du mouvement produit vers un terme, est en même temps dirigé contre ce terme, comme *assaillir*, *assiéger* ;

4°. Les *cumulatifs*, ceux dans lesquels l'idée du radical est elle-même celle d'une action, dirigée vers un terme, comme *admirer*, *adorer*.

147. Les aditifs sont de trois variétés :

1°. En *ad*, comme *ad*juger, *ad*verbe ;

2°. Ceux dans lesquels le *d* de la préposition a subi l'attraction de la lettre initiale du radical, et qu'on peut distinguer en autant de sous-variétés qu'il y a de lettres radicales attractives, comme *approcher*, *affirmer*, *attirer*, *annoncer*, *assimiler*, *arriver*, *allouer*, *accourir*, *aggréger*;

3°. Ceux en *a*, et qui ont constamment lieu quand le radical commence par *b*, *ch* et *s* suivi d'une consonne, comme *aborder*, *acheminer*, *aspirer*.

148. La règle d'orthographe des aditifs, consiste à écrire la préposition pure ou altérée, conformément à la prononciation, en observant que, s'altérant toujours par syncope devant un *b*, cette lettre ne se double ni dans les aditifs, ni dans les abitifs; on peut même généraliser l'observation en disant qu'il n'y a actuellement de double *b*, en français, que dans le mot *abbé* et ses dérivés.

Des ambitifs.

149. La préposition *am* ou *amb*, paraît appartenir à une racine mimographique, comme signe d'*enveloppement*, d'envi-

ronnement en tous sens; elle est hypothétique en français et en latin; on présume qu'elle est construite avec la racine de *bis*, dans *ambo*. *Ambo*, deux enveloppés, deux réunis, deux compris inséparablement, enfin, *tous deux*; telle est la différence de *ambo* à *duo*, qui signifie, un plus un, un et un; tandis que *ambo* signifie deux en un.

150. Un *ambitif* est un prépositif formé d'une des trois variétés : *amb*, *am*, *an*, d'une seule et même préposition, qui, construite avec un radical, modifie l'idée principale du composé, par celle accessoire d'enveloppement, d'entourement total au sens propre ou au sens figuré.

151. Si on veut admettre le sens propre et le sens figuré, comme deux caractères spécifiques, les ambitifs se diviseront, 1°. en ambitifs *proprement dits* : *ambient*, *ambulant*, 2°. en *complétif*, comme *ambition*.

152. Quant aux variétés, on en distingue trois dans les ambitifs :

1°. En *amb*, comme *amb*assadeur;

2°. En *am*, comme *am*puter;

3°. En *an*, comme *an*fractuosité.

(58)

153. La prononciation de chacune de ces variétés sert de règle d'orthographe pour le prépositif.

154. Les composés, dans la construction desquels entre évidemment le mot *ambo*, peuvent être appelés des ambitifs *duplicatifs*, comme *amb*idextre; on y peut joindre la forme grecque correspondante en *amphi*, comme *amphi*bie; mais d'ailleurs, ces mots en *amphi*, rentrent assez ordinairement, pour le sens, dans le genre des ambitifs, comme prépositifs du premier degré, tels que *amphithéâtre*, *amphigouri*, &c.

Des antéitifs.

155. Il faut observer que la préposition *ante* du latin, *anti* du grec, exprime la situation première d'un ou de plusieurs objets, par rapport à un ou à plusieurs autres, à partir de l'unité et procédant selon l'ordre des nombres. C'est précisément par la connexion intime entre l'idée de primauté et celle de point de départ, que cette préposition *ante* paraît s'être dite *abante*, d'où la forme française *avant*,

traduction du composé des deux prépositions *ab* et *ante*, avec la seule signification de la dernière. La préposition *ante*, *anti*, par son analogie avec l'idée de point de départ, peut devenir le signe de séparation d'opposition, et d'ailleurs marquer la priorité d'existence dans la durée.

156. Un *antéitif* est un prépositif formé d'une des variétés *ante*, *anti*, *ant*, d'une seule et même préposition, qui, construite avec un radical, modifie l'idée principale du composé, par celle accessoire de primauté de situation dans l'espace, de priorité d'époque dans le temps, ou d'opposition.

157. Les antéitifs sont de trois sortes :

1°. Les antéitifs *proprement dits*, ceux dans lesquels l'idée accessoire est de primauté de situation dans l'espace, comme *ant*écédent, *anti*chambre ;

2°. Les *temporatifs*, ceux dans lesquels l'idée accessoire est de priorité d'époque dans le temps, comme *anti*date, *ant*echrist ;

3°. Les *négatifs*, ceux dans lesquels l'idée accessoire est de situation contraire, comme *anti*pode, *anti*pathie.

158. Les antéitifs sont de trois variétés :
1°. En *ante*, comme *antepénultième*;
2°. En *anti*, comme *antidote*;
3°. En *ant*, comme *antarctique*;

159. La prononciation des différentes variétés d'antéitifs, sert de règle d'orthographe, en observant que la dento-linguale de chacune d'elles ne s'écrit jamais par *th*.

160. La sorte négative des antéitifs se trouve exclusivement comprise dans les deuxième et troisième variétés.

161. La préposition *avant* étant homologue de *abante*, est un abitif de la préposition *ante*; d'où il résulte que les prépositifs en *avant* sont du deuxième degré, et formellement des *abitifs-antéitifs*; mais quant au sens, ils ne diffèrent pas des antéitifs du premier degré.

Des circuitifs.

162. La racine *cir*, *gir*, paraît être le signe fondamental de *rondeur*, d'où les latins ont fait les mots *circus*, *cirque*, *giratio*, *giration*, &c. Probablement que l'un des cas de *circus* (*circum*), se sera pris secondairement en sens *collocatif*, et

aura signifié *autour de*. Cette préposition n'a point été traduite en français; elle se construit avec des radicaux dans l'une et l'autre langue, sous la forme *circon*, rarement *circu*, et les prépositifs qui en résultent, diffèrent des ambitifs en ce qu'ils n'expriment que l'idée d'entourement, d'environnement, tandis que ceux-ci désignent plus, en marquant enveloppement, ou environnement dans tous les sens.

163. Un *circuïtif* est un prépositif formé d'une des deux variétés *circon* ou *circu*, d'une seule et même préposition qui, construite avec un radical, modifie l'idée principale du composé par celle accessoire d'environnement, d'entourement, au sens propre; de réflexion, de méditation au sens figuré.

164. Il y a deux sortes de circuïtifs :

1°. Les circuïtifs *proprement dits*, ceux dans lesquels l'idée accessoire est d'environnement, d'entourement, comme *circonférence*, *circonvoisin*;

2°. Les circuïtifs *méditatifs*, ceux dans lesquels l'idée de la préposition est prise

au figuré, comme *circonspect*, *circon-*
venir.

3°. Les circuitifs sont de deux variétés :
1°. En *circon*, comme *circonstance*;
2°. En *circu*, comme *circuit*.

165. Leur règle d'orthographe s'indique par la prononciation de l'une et l'autre variété.

Des cisitifs.

166. La préposition *cis* des latins, et dont on regarde *citra* comme un synonyme, quoiqu'il en soit un composé, n'existe point en français; elle s'y rend par la locution *en deçà de*. Cette préposition peut se définir ainsi : un mot qui exprime le double rapport d'un objet situé plus près qu'un autre objet d'un terme marqué. Les constructions de cette préposition sont si peu nombreuses, que la formule en est peu importante en pratique.

167. Un *cisitif* est un prépositif formé de la préposition *cis*, qui, construite avec un radical, modifie l'idée principale du composé par celle accessoire de position en deçà du terme désigné par ce radical.

168. La règle d'orthographe des cisitifs, comme *Cis*alpin, *Cis*padan, *Cis*rhénal, et qui ne sont pas de plusieurs sortes ni de plusieurs variétés, consiste à écrire la préposition d'une manière conforme à la prononciation, en observant que sa palato-dento-linguale initiale se représente par *c* et non par *s*.

Des coïtifs.

169. La préposition *cum* des Latins, sous cette forme *con*, pure ou altérée dans ses constructions latines ou françaises, n'a point été traduite en cette dernière langue ; elle correspond à-peu-près au mot *avec*, et représente en général l'idée de *pluralité* ou d'*ensemble* d'objets dans l'espace ou de momens dans le temps. Cette idée de pluralité ou d'ensemble, fait naître celle d'ordre, de relation entre les parties formant réunion, où, au contraire, désordre, absence de rapport, opposition même entre les parties de l'ensemble. Quant à la valeur métaphorique de la préposition, comme signe de pluralité ou réunion de momens dans les temps, cette

réunion peut être dans ce cas envisagée sous deux points de vues : 1°.) comme plusieurs instans tellement rapprochés, qu'il est impossible de les distinguer sensiblement les uns des autres, d'où l'idée d'*instantanéité* (1) : 2°. comme plusieurs instans à la suite les uns des autres, mais pris collectivement par la pensée, d'où l'idée de *succession*. Enfin, si la préposition *con* se construit avec un radical, dont l'idée soit de pluralité ou d'ensemble, la sorte résultante sera *cumulative*.

170. Un coïtif est un prépositif formé de la préposition *con*, pure ou altérée, par attraction ou par syncope et qui, construite avec un radical, modifie l'idée principale du composé, par celle accessoire

___

(1) En effet, si les trois temps d'un acte ou événement quelconque (commencement, milieu et fin) se suivent si rapidement qu'on ne puisse les distinguer d'un seul et même instant, ils forment ce mode de la durée appelée *instantanéité*, tandis que la co-existence de plusieurs événemens constitue la *simultanéité*.

d'ensemble, de pluralité d'objets, dans l'espace, ou de momens dans le temps.

171. Les coïtifs sont de cinq sortes :

1°. Les coïtifs *proprement dits*, ceux dans lesquels l'idée accessoire est d'ensemble ou de pluralité d'objets dans l'espace, purement et simplement, comme *contenir*, *comprendre*, au sens propre.

2°. Les coïtifs *relatifs*, ceux dans lesquels l'idée accessoire est de rapport ou de relation entre les objets réunis ou considérés ensemble, comme *concitoyen*, *compagnon*.

3°. Les coïtifs *négatifs*, ceux dans lesquels l'idée de pluralité est liée à celle de désordre, d'absence, de rapport, comme *confus*, *contester*.

4°. Les *temporatifs*, qui se sous-divisent en deux sous-sortes : 1°. Les *instantanéitifs*, quand l'idée de pluralité est celle de momens, pris ensemble et dans un même instant, comme *commotion*, *corripere* : 2°. les *successifs*, ceux dans lesquels l'idée de pluralité est celle d'instans, pris collectivement, mais les uns après les autres, comme *constant*, *conserver*.

5°. Les *cumulatifs*, ceux dans lesquels l'idée du radical est analogue de celle de pluralité ou d'ensemble, comme *confier, confus*, au sens moral.

172. Les coïtifs sont de trois variétés :

1°. En *con*, ceux dans lesquels la préposition ne subit aucune altération, comme *convenir, contourner*.

2°. Ceux dans lesquels le *n* de la préposition a subi l'attraction de la lettre initiale du radical, laquelle variété peut se sous-diviser en deux sous-variétés ; la première en celle dans laquelle la lettre attractive du radical est une labiale, et le *n* de la préposition attirée analogiquement en *m*, comme *combiner, comprendre, commerce*; la deuxième, celle dans laquelle le *n* de la préposition subit l'attraction d'une palato-linguale, forte ou faible, comme *corriger, corrompre, collaborateur, collecteur*.

3°. Les coïtifs dans lesquels le *n* de la préposition s'est syncopé, et cela devant une voyelle ou un *h*, quelquefois même devant quelques consonnes, comme *coadjuteur, coëxistence, coïncidence, co-opérer, co-usion; cohéritier, co-sinus*.

173. La règle d'orthographe d'un coïtif consiste à écrire la préposition telle qu'elle est dans sa construction, avec un radical, en observant de changer son *n* en *m* devant une labiale, et devant une palato-linguale, de le changer en palato-linguale de même touche ; ou enfin de le supprimer devant une voyelle ou un *h* aspiré, et même quelques consonnes, ce qui s'indique par la prononciation.

Des contraïtifs.

174. La préposition *contra*, *contre*, se trouve sous l'une et l'autre forme dans plusieurs constructions. On serait tenté de la croire elle-même un composé de la préposition *con* avec *tra*, base de *trans* (*au-delà*), comme si *contra*, *contre*, exprimait une situation *commune au-delà* des bornes prescrites, la situation *opposée* d'un objet *avec* un autre objet. Dans cette hypothèse, les contraïtifs seraient des prépositifs du deuxième degré ; mais *contra*, *contre*, s'employant dans le discours comme mot simple, signifiant situation opposée ou situation soumise et rapprochée, on

peut sans inconvénient établir la théorie de ses composés comme prépositifs du premier degré.

175. Un conträitif est un prépositif formé d'une des variétés *contra*, *contro*, *contre*, d'une seule et même préposition, qui, construite avec un significatif, modifie l'idée principale du composé, par celle accessoire de situation opposée ou subordonnée entre deux ou plusieurs objets, deux ou plusieurs manières d'être.

176. Les conträitifs sont de deux sortes :

Les conträitifs *proprement dits*, ceux dans lesquels l'idée accessoire est celle de situation opposée, entre deux ou plusieurs objets, deux ou plusieurs manières d'être, comme *contra*vention, *contre*quarré.

Les conträitifs *subordinatifs*, ceux dans lesquels l'idée accessoire est de position ou juxtaposition inférieure, comme *contre*amiral, *contre*mur.

177. Les conträitifs sont de trois variétés :

1°. Les conträitifs en *contra*, comme *contra*diction.

2°. Les contraïtifs en *contro*, comme *contro*verse.

3°. Ceux en *contre*, qui se distinguent en deux sous-variétés; l'une en *contre*, comme *contre*dire, *contre*miner; l'autre en *contr'*, avec élision du *e*, quand le radical commence par *é*, comme *contré*scarpe, *contré*change (1), &c.

178. La règle d'orthographe des contraïtifs s'indique par la prononciation des diverses variétés de la préposition.

Des désitifs.

179. La préposition *dé*, par l'analyse de ses constructions, paraît donner, pour valeur fondamentale, l'expression de l'idée de situation ou direction, relativement au

---

(1) C'est à la première sous-variété de la deuxième variété, que se rapporte le mot *courtepointe*.
Pour . . . . contrepointe.
Par dénasalement . . . . cotrepointe.
Par métagr. de *o* en *ou*, et métath. courtepointe.
C'est à la même sous-variété que se
   rapporte le mot contrôle pour . . . contrerôle.
Par syncope abréviative . . . . contrrôle.
Et par syncope euphonique . . . . . contrôle.

double rapport des deux termes d'éloignement et d'aboutissement. Si, dans ce double rapport, l'un des deux termes fixe plus l'attention que l'autre, alors la préposition désigne spécifiquement celui dont on s'occupe le plus. D'ailleurs, cette double idée des points d'éloignement et d'aboutissement est très-analogue à celle du passage d'un état à un autre; de changement, de mutation, d'opposition, d'une part, et de l'autre elle s'allie assez naturellement à celle des points intermédiaires qui, dans ce dernier cas, donne lieu à une sorte complétive.

180. Un désitif est un prépositif formé de la préposition *de*, pure ou altérée, par l'épenthèse d'un *s*, qui, construite avec un radical, modifie l'idée principale du composé, par celle accessoire du double rapport des points de départ et d'arrivée.

181. Les désitifs sont de cinq sortes :

1°. Les désitifs *proprement dits*, ceux dans lesquels l'idée accessoire est purement et simplement celle du double rapport des points de départ et d'arrivée, comme *dé*marche; *dé*porter.

2°. Les désitifs *complétifs*, quand l'idée accessoire ne comprend le double rapport des points de départ et d'arrivée, que par la série de ceux existant entre tous les termes intermédiaires, comme *dé*crire, *dé*montrer.

3°. Les désitifs *ablatifs*, quand l'idée accessoire porte plus particulièrement sur le point de départ que sur celui d'arrivée, comme *dé*tourner, *dé*but.

4°. Les désitifs *terminatifs*, quand l'idée accessoire porte plus particulièrement sur le terme d'arrivée que sur le terme de départ, comme *dé*clin, *de*venir.

5°. Enfin, les désitifs *négatifs*, la sorte la plus nombreuse (1), quand l'idée du

---

182.(1) Indépendamment de ce que cette sorte est la plus nombreuse dans les désitifs comme prépositifs du premier degré, elle comprend tous les désitifs comme prépositifs du deuxième ou troisième degré ; c'est-à-dire que tout prépositif formé de *de*, et d'une ou de deux autres prépositions, intermédiairement construites avec un radical, est constamment *négatif* : tel est le désitif-abitif *désabuser* ; le désitif-aditif *désaccorder* ; le désitif-coïtif *décomposé*, &c.

double rapport des points de départ et d'arrivée ne se présente que sous le point de vue de changement d'état, comme *dé*mériter, *dé*naturé.

183. Les désitifs sont de deux variétés :

1°. En *de*, comme *dé*faire, *dé*finir.

2°. En *des* devant une voyelle ou un *h* non-aspiré, comme *dés*avantage, *dés*enrhumer, *dés*intéressé, *dés*obliger, *dés*unir, *des*hériter.

184. La règle d'orthographe des désitifs consiste à écrire la préposition telle qu'elle est, ou avec son *s* épenthétique, ce qui s'indique par la prononciation (1).

---

185. (1) On voit que, d'après cette règle, ceux qui doublent les consonnes du radical dans les désitifs, font une faute d'orthographe, et qu'on ne doit pas écrire *debbarasser, deppendance, demmesuré, deffinir, dettenir, dedduire, dennoncer, derranger, delloger, deccomposer*, mais bien *débarrassé, dépendance, démesuré, définir, détenir, déduire, dénoncer, déranger, déloger, décomposer*.

Cependant il y a certains cas où le *s* du significatif se double, et certains où il ne se double pas, comme dans *dessein, désaller*. En continuant d'être signe d'articulation forte, je crois qu'on devrait, en

Des disitifs.

186. La préposition *dis*, hypothétique en latin comme en français, paraît être une dérivation d'une racine grecque, signifiant *deux*, d'où les composés *dis*syllabe, *di*lemme. Sa valeur fondamentale serait donc celle de séparation, et on pourrait dire de *dis*tinction, si ce mot n'était un composé de cette préposition. Dans la plupart de ses constructions, elle diffère de la préposition *de*, en ce que l'idée d'un des deux termes d'éloignement ou d'aboutissement, est toujours vague et indéfinie, ce qui donne lieu à deux sortes de ce genre de prépositifs; aussi son idée la plus ordinaire peut bien se rendre, par la locution, *d'ici et delà*, *en tous sens*, &c. Si, d'ailleurs, elle se construit avec des radicaux, dont l'idée soit celle de séparation ou désunion, il ne peut résulter de cette construction que des disitifs-cumulatifs.

---

règle générale, admettre le redoublement de *s* dans les désitifs dont le radical commencerait par cette lettre en fonction de palato-dento-linguale forte.

187. Un disitif est un prépositif formé de la préposition *dis*, pure ou altérée, par attraction ou par syncope, qui, construite avec un radical, modifie l'idée principale du composé, par celle accessoire de séparation, et plus généralement du double rapport des points de départ et d'arrivée, dont l'un d'eux est vague et indéterminé; en un mot, l'idée accessoire rendue par la locution *d'ici et delà*.

188. Il y a quatre sortes de disitifs :

1°. Les disitifs *séparatifs*, ceux dans lesquels l'idée accessoire est de solution, de non-continuité, enfin, de séparation, comme *di*lemme, *di*viser.

2°. Les disitifs *négatifs*, ceux dans lesquels l'idée du point de départ fixe plus particulièrement l'attention, et devient celle d'un changement total ou absolu, comme *dis*paraître, *dif*ficile (1), &c.

3°. Les disitifs *terminatifs*, ceux dans

_____

(1) Cette sorte est plus nombreuse que les autres, parce qu'elle comprend tous les disitifs-prépositifs du deuxième degré, comme *discontinuer, disconvenir, disproportion*, &c.

lesquels l'indétermination ou le vague du point d'arrivée est plus particulièrement exprimé, comme *dis*tendre, *dis*courir.

4°. Les disitifs *cumulatifs*, ceux dans lesquels l'idée du radical est elle-même de séparation, comme *dis*séquer, *dis*perser, &c.

189. Les disitifs sont de trois variétés :

1°. Ceux en *dis*, comme *dis*puter, *dis*parate.

2°. Ceux dans lesquels le *s* de la préposition a subi l'attraction de la lettre initiale du radical, ce qui n'a lieu que quand cette lettre initiale du radical est un *f*, comme *dif*ficile, *dif*férent.

3°. Les disitifs dans lesquels le *s* de la préposition est syncopé, ce qui a constamment lieu devant *m*, *v*, et s'indique par la prononciation, comme *di*minuer, *di*vertir, &c.

190. La règle d'orthographe des disitifs consiste à écrire la préposition *dis*, pure ou altérée par attraction ou par syncope, dans les cas ci-dessus déterminés, ce qui est conforme à la prononciation.

Des exitifs.

191. On a vu que la préposition *a* ou *ab*, exprime seulement l'éloignement d'auprès d'un terme ; que *de* est le signe du double rapport des points de départ et d'aboutissement ; que *dis* représente la même idée, avec cette différence, que l'idée d'un de ces termes est le plus souvent vague et indéfinie. Toutes ces prépositions ont une valeur commune, celle de l'expression de l'espace qui augmente entre le premier terme et l'objet mu. La préposition *e* ou *ex*, participe de cette idée commune, avec celle particulière de *sortie*, qui quelquefois désigne plutôt les motifs ou le but de l'action ; d'où *e* ou *ex*, au lieu de marquer *sortie*, marque aboutissement, et prend une signification aditive, ce qui est très-rare ; mais cette préposition n'a plus qu'une force augmentative, quand elle se construit avec des radicaux qui expriment eux-mêmes une idée analogue à celle de sortie.

192. Un exitif est un prépositif formé de la préposition *e* ou *ex*, pure ou altérée par métagramme ou attraction analogique,

et qui, construite avec un radical, modifie l'idée principale du composé, par celle accessoire de sortie.

193. Il y a quatre sortes d'exitifs :

1°. Les exitifs *proprement dits*, ceux dans lesquels l'idée est purement et simplement de sortie, comme *ex*traire, *é*liminer.

2°. Les exitifs *négatifs*, ceux dans lesquels l'idée de sortie se prend en sens contraire, ou comme sortie d'un état positif et approuvé, tels que *é*conduire, *e*ffronté.

3°. Les exitifs *terminatifs*, ceux dans lesquels l'idée de sortie ne porte pas sur l'idée radicale qui se trouve modifiée, comme terme d'aboutissement, par celle de *e* ou *ex* : ex. *é*veillé, *e*fféminé, &c.

4°. Les exitifs *cumulatifs*, ceux dans lesquels l'idée radicale se trouve être elle-même analogue de celle de sortie, comme *ex*quis, *é*pris, &c.

194. Les exitifs sont de deux variétés :

1°. En *e*, comme *é*perdu, *é*venté.

2°. En *ex*, qui se soudivisent en trois sous-variétés : la première en *ex*, comme *ex*porter, *ex*pulser ; la deuxième en *es*, comme *escompte*, *escroc*, &c. la troisième comprend ceux dont le *x* a subi l'attraction de la lettre initiale du radical, ce qui n'a lieu que pour le *f* : ex. *ef*fronté, *ef*fervescent.

195. La règle d'orthographe des exitifs consiste à écrire la préposition en *e* ou *ex*, pure ou altérée par métagramme ou attraction, ce qui s'indique par la prononciation de ses différentes constructions.

Des extraïtifs.

196. La préposition *extra* des Latins, est évidemment formée de la préposition *ex*, et représente une idée de sortie ; sa seconde partie peut venir de *trans* (au-delà), de manière que, dans cette hypothèse, *extra* signifierait sortie et éloignement d'une manière plus marquée. Cette conjecture est d'autant plus probable, que ses composés équivalent à-peu-près aux exitifs-cumulatifs ; cependant en la supposant simple, le résultat de ses constructions donnera lieu à la formule des extraïtifs.

197. Un extraïtif est un prépositif formé

de la préposition *extra*, qui, construite avec un radical, paraît modifier l'idée principale du composé, par celle accessoire de sortie avec éloignement, comme si *extra* était pour *extrans :* ex. *extra*vaguer

198. Ce genre de prépositifs, dont la règle d'orthographe s'indique par la prononciation, est trop peu nombreux, pour qu'on y remarque des caractères spécifiques et des signes distinctifs de variétés.

Des foritifs.

199. *Foras* en latin n'est qu'une forme d'un mot qui signifie *porte*, et sa traduction a formé la préposition *fors*, qui n'est plus d'usage qu'en terme de pratique. Sa différence avec *ex* est assez difficile à saisir, l'une et l'autre sont des signes d'opposition à la situation en dedans. *Ex*, par sortie, ce qui suppose toujours passage de dedans en dehors, *foras* comme position à l'extérieur, à l'inverse de ce qui est intérieurement, d'où *hors*, *dehors*, homologues de *foras*, *deforas*.

200. Un foritif est un prépositif formé de la préposition *for*, de *fors*, pure ou al-

térée par métagramme, de sa voyelle ou de sa consonne, et qui, construite avec un radical, modifie l'idée principale du composé, par celle accessoire de situation à l'extérieur, par opposition à la situation intérieure.

201. Il y a deux sortes de foritifs :

1°. Les foritifs *proprement dits*, ceux dans lesquels l'idée accessoire est purement de situation à l'extérieur, contradictoirement à la situation intérieure, comme *for*cené, *four*voyer.

2°. Les foritifs *cumulatifs*, ceux dans lesquels l'idée du radical est elle-même celle de situation ou position extérieure, comme *for*lancer, *for*banir.

202. Les foritifs sont de trois variétés :
1°. En *for*, comme *for*fait, *for*jetter.
2°. En *four*, comme *four*voyer, *four*bu.
3°. En *hor*, comme *hor*mis, &c.

203. La règle d'orthographe des foritifs consiste à écrire la préposition avec ses variétés telles qu'elles se trouvent dans les composés, ce qui s'indique par la prononciation.

Des initifs.

204. La préposition *in* des Latins, *en* des Français, exprime généralement l'idée de contenance ou compréhension. Toutes les diverses acceptions que cette préposition a pu prendre dans ses constructions, sont difficiles à rallier à cette idée fondamentale. Pour que l'un de deux corps solides soit contenu par l'autre qui lui résiste, il faut que le premier commence par s'appliquer sur le second; de-là, peut-être, la préposition *in* s'est prise en sens de contenance, par celui préalable d'application. Si le lieu ou l'objet de contenance ou compréhension sont à quelque distance de ce qui doit être contenu, l'idée de *in* se compose de celle d'un terme d'aboutissement. Cette préposition peut, comme toutes les autres, désigner métaphoriquement un rapport de contenance ou compréhension dans le temps; mais comment son idée fondamentale s'est-elle transformée en celle de négation, d'opposition, de contradiction? Cependant le plus grand nombre des com-

posés en *in* représentent l'idée de leur radical, modifiée de cette manière (1).

206. Un initif est un prépositif formé d'une des variétés *in* ou *en*, d'une seule et même préposition, pure ou altérée par attraction, et qui, construite avec un radical, modifie l'idée principale du composé par celle accessoire de contenance ou compréhension d'objets dans l'espace, ou de momens dans le temps, quelquefois de superposition, de but proposé, et le plus souvent de négation ou opposition.

207. Malgré les valeurs disparates de la préposition *in* ou *en*, on peut comprendre toutes ses constructions dans cinq sortes :

1°. Les initifs *proprement dits*, ceux

---

205. (1) Il est possible que dans les composés de cette sorte, la partie initiale *in* ne soit pas la préposition *in*, mais une métathèse de *ni*; alors cet élément feroit rentrer cette sorte dans les initifs adverbiaux que nous avons nommés contradictifs. Ils ne seraient initifs que matériellement, mais réellement des composés initiatifs : dans ce doute on leur donne le nom d'initifs, sous le premier point de vue, et de contradictifs sous le second.

dans lesquels la préposition *in* ou *en* se prend en sens de contenance ou compréhension, comme *in*duire, *in*corporer.

2°. Les initifs *applicatifs*, ceux dans lesquels l'idée de contenance ou compréhension ne se conçoit que par superposition, comme *im*poser, *in*scrire.

3°. Les initifs *terminatifs*, ceux dans lesquels l'idée de contenance ou compréhension tient à celle de but ou terme proposé, comme *in*struire, *in*former, *en*seigner.

4°. Les initifs *temporatifs*, ceux dont l'idée générique s'applique aux momens dans la durée, comme un *in*stant.

5°. Les initifs *contradictifs*, ceux dans lesquels la préposition *in*, rarement *en*, se prend en sens de négation, d'opposition, comme *in*juste, *in*firme.

208. Les initifs sont de trois variétés :

1°. En *in* où l'on distingue deux sous-variétés: 1°. celle en *in*, comme *in*fluent, *in*dolent: 2°. celle dans laquelle le *n* de *in* s'est changé en *m* par l'effet de l'attraction d'une labiale initiale du radical, comme *im*bécille, *im*posant, *im*mortel :

3°. celle dans laquelle le *n* de *in* a subi l'attraction d'une palato-linguale, initiale du radical, comme *il*légal, *ir*régulier.

2°. Dans la deuxième variété on distingue deux sous-variétés : 1°. en *en*, comme *en*fermer, *en*freindre : 2°. celle dans laquelle le *n* de la préposition s'est changé en *m*, par l'effet de l'attraction d'une labiale initiale du radical, comme *em*baumer, *em*prisonner, *em*mancher.

209. La règle d'orthographe des initifs consiste à écrire la préposition *in* ou *en* telle qu'elle est, en observant que son *n* se change en *m* devant une labiale, et que devant une palato-linguale, le *n* de *in* seulement se change en palato-linguale de même touche.

210. L'adverbe *en* se construit quelquefois avec des mots, et forme des composés qui sont matériellement des initifs, mais dont l'idée principale est modifiée réellement par celle accessoire de point de départ, soit par éloignement, sortie ou autre manière d'être : tels sont *em*porter, *em*mener, *porter d'ici* ou *delà*, *mener d'ici* ou *delà*. Nous appellerons *ablatifs* ces

faux initifs, qui, pour les formes léxiques, rentrent dans la règle d'orthographe des vrais initifs.

DES PRÉPOSITIFS EN IN.

211. La préposition *in*, dont on vient d'examiner les constructions, semble être un des élémens communs de plusieurs autres prépositions, telles que *inter*, *intra*, *intro*, *intus*, qui toutes expriment généralement idée de contenance ou compréhension ; mais avec des différences qui servent de bases à leurs caractères spécifiques. En les considérant par supposition comme des prépositions indécomposées, *inter*, *entre*, désigne l'occupation totale ou partielle d'un espace déterminé par deux limites ; *intra* marque contenance ou compréhension de ce qui est au-dedans, relativement à ce qui est au-dehors ; *intro* représente le passage de dehors en dedans ; *intus* exprime la contenance d'une force agissante en dedans d'une puissance qui s'exerce *intérieurement*. Le développement des constructions de chacune de ces prépositions, fait ressortir les traits qui doivent les

distinguer les unes des autres. La plus importante de toutes est la première, qui, par la diversité de ses acceptions, forme un genre de prépositifs divisé en cinq sortes.

Des intéritifs.

212. *Inter*, *entre*, désigne d'abord l'occupation totale ou partielle d'un espace déterminé par deux limites, et par métaphore, d'une période déterminée par deux époques. L'idée de l'occupation d'un lieu limité, s'allie naturellement à celle de *milieu*, de moyen état, ou moyen terme; l'idée de moyen terme établit le rapport qui peut exister entre deux extrêmes, leur corrélation : d'où l'idée de *réciprocité*; mais sous le point de vue négatif, ce moyen terme peut au contraire être considéré comme brisant toute relation d'un extrême à l'autre, comme les séparant, s'opposant à leur union : d'où une sorte *négative* d'intéritifs.

213. Un intéritif est un prépositif formé d'une des variétés de la préposition *inter*, *entre*, pure ou altérée par attraction ou syncope, et qui, construite avec un radi-

cal, modifie l'idée principale du composé, par celle accessoire de l'occupation totale ou partielle d'un lieu déterminé par deux points dans l'espace, ou d'une période déterminée par deux époques dans le temps.

214. Il y a cinq sortes d'intéritifs :

1°. Les intéritifs *proprement dits*, ceux dans lesquels l'idée accessoire est purement de la considération de l'espace total ou partiel d'un terme à un autre, comme *inter*valle, *inter*ligne.

2°. Les intéritifs *médiatifs*, ceux dans lesquels l'idée de la préposition fait particulièrement ressortir celle analogue de moyen être ou moyen terme, d'un état à un autre, ou d'un extrême à l'autre, comme *inter*céder, *entr*'ouvert.

3°. Les intéritifs *respectifs*, ceux dans lesquels l'idée de la préposition exprime plus manifestement celle de réciprocité ou rapports mutuels d'un terme à l'autre, comme s'*entr*'aimer, s'*entr*ebattre.

4°. Les intéritifs *négatifs*, ceux dans lesquels l'idée de la préposition se prend au contraire en sens d'obstacle, occupant l'espace d'un objet à l'autre, comme *inter*cepter, *inter*rompre.

5°. Les intéritifs *temporatifs*, ceux dans lesquels l'idée accessoire est d'une période déterminée par deux époques, comme *inter*règne, *entr*'acte.

215. Les intéritifs sont de deux variétés : ceux en *inter* et ceux en *entre*. Les premiers expriment des idées moins vulgaires que les seconds.

La première variété comprend deux sous-variétés : 1°. les intéritifs en *inter*, comme *inter*roger, *inter*vertir : 2°. ceux dans lesquels le *r* de la préposition a subi l'attraction de la lettre initiale du radical *leg*, comme *intel*ligence, *intel*ligible.

On distingue deux sous-variétés dans la seconde variété : 1°. les intéritifs en *entre*, comme *entre*prendre, *entre*tenir : 2°. les intéritifs dans lesquels le *e* final de la préposition s'élide, comme *entr*'acte, *entr*'ouïr.

216. La règle d'orthographe des intéritifs consiste à écrire les variétés de la préposition, pures ou altérées, de la manière ci-dessus désignée, ce qui s'indique par la prononciation.

Des intraïtifs.

217. Un intraïtif est un prépositif formé de la préposition *intra*, qui, construite avec un radical, paraît modifier l'idée principale du composé, par celle accessoire de contenance ou compréhension, sous le rapport d'habitation (1).

218. Ce genre de prépositifs, dont il n'existe probablement qu'un exemple latin (*intra*-muranus), ne permet pas, par la rareté de ses applications, d'y remarquer des caractères spécifiques, et, à plus forte raison, des signes distinctifs de variétés.

Des introïtifs.

219. Un introïtif est un prépositif formé de la préposition *intro*, qui, construite avec un radical, modifie l'idée principale

___

(1) Ce qui porte à croire que cette idée est caractéristique de *intra*, c'est la locution, reçue même en français, d'habitans, *intra muros; extra muros*. Du reste, c'est une pure conjecture qui ne peut être contestée que par des exemples qu'il faudroit alléguer contre elle.

du composé par celle accessoire du passage de dehors en dedans.

220. Les introïtifs, tels que *intromission*, *introduire*, sont trop peu nombreux pour qu'on y puisse remarquer des caractères spécifiques, des signes distinctifs de variétés, et leur règle d'orthographe s'indique d'ailleurs par la prononciation.

Des intusitifs.

221. Un intusitif est un prépositif formé de la préposition *intus* pure ou altérée par métagramme ou par syncope, et qui, construite avec un radical, paraît modifier l'idée principale du composé par celle accessoire de contenance ou compréhension sous forme d'action.

222. Les prépositifs de ce genre, dont nous n'avons évidemment qu'un exemple dans *intus*susception, ne nous permettent pas de le diviser en sortes.

223. Si *industrie* est une altération de *intustrie*, (de *struere intus*) comme le mot *intuitif* est français, on pourrait présumer que ce genre comprendrait trois variétés par trois exemples.

1°. En *intus*, comme *intus*susception.

2°. En *indu*, comme *indu*strie et ses dérivés.

3°. En *intu*, comme *intu*itif, *intu*ition, en terme dogmatique.

Du reste, la règle d'orthographe des intusitifs s'indique par la prononciation des variétés présumées de la préposition elle-même.

Des juxtaïtifs.

224. La préposition *juxta* des Latins, autrefois *jouxte* des Français, est plus intéressante par les dérivés qu'elle a fournis que par ses composés prépositifs. Elle signifie *tout auprès de, situation à contact*. Sans entrer dans l'analyse de *jouxte*, on peut présumer que par deux légères altérations, ce mot est devenu *joûte*, signe d'un exercice gymnastique, dans lequel les athlètes ne se placent pas à distance, mais à *contact*, pour exercer réciproquement leurs forces les unes contre les autres. C'est de la même préposition que probablement vient l'adjectif *juste* au sens physique, qui n'a aucun rapport raisonnable

avec sa forme identique; *juste* de *justus* au sens moral. C'est à la même origine que l'on peut faire remonter les aditifs, *ajouter, ajuster, ajutage, ajustement*, &c. La langue française ne présente que deux exemples de juxtaitifs, dont la formule est purement spéculative.

225. Un juxtaitif est un prépositif formé de la préposition *juxta*, qui, construite avec un radical, modifie l'idée principale du composé, par celle accessoire de position à contact.

226. On ne peut diviser en sortes ce prépositif, dont nous avons un exemple français dans *juxtaposition*, et dont l'orthographe s'indique par la prononciation.

Des obitifs.

227. La préposition *ob* des Latins, comme partie d'oraison, signifie au propre, *en face, vis-à-vis, à la rencontre, autour de*; au figuré, *pour, à cause de*. Elle modifie à-peu-près de cette manière les radicaux avec lesquels elle se construit.

Soit pour valeur fondamentale de cette préposition, l'idée de situation face à face, vis-à-vis en état de repos; de direction en face ou à la rencontre en état de mouvement; cette idée s'allie naturellement à celle de contrariété ou résistance, car deux objets situés ou mis en face l'un de l'autre ont une position ou une marche inverse. Aussi se représentent-elles souvent par le même signe. Mais chacune ~~de ces idées~~ n'offre aucune analogie directe avec celle d'entourement ou d'environnement, et on ne voit pas trop pourquoi *ob*, dans un très-grand nombre de constructions latines, a pu se prendre dans cette troisième signification. Ne serait-ce point parce que l'idée d'attaque et de résistance, est souvent accompagnée de celle de *développement* de forces, d'un *déployement* d'énergie embrassant, entourant l'objet qui ne cède qu'avec difficulté? Quant au sens moral de cause, de motif, d'action, il se déduit métaphoriquement du sens propre d'aller à la rencontre; ce sens suppose une raison suffisante dans l'intention de celui qui se met en marche vers l'objet en conspect de lui.

258. Un obitif est un prépositif formé

de la préposition *ob*, pure ou altérée pa[r] attraction ou par syncope, et qui, cons[-]truite avec un radical, modifie l'idée prin[-]cipale du composé par celle accessoire d[e] situation ou direction en face ou en sen[s] inverse, d'environnement, et souvent d[e] motif ou raison d'action.

229. Il y a quatre sortes d'obitifs :

1°. Les obitifs *proprement dits*, ceu[x] dans lesquels l'idée accessoire est de situa[-]tion, de direction en face, ou vis-à-vis comme *oc*casion, *op*posite.

2°. Les obitifs *négatifs*, ceux dans les[-]quels l'idée accessoire est de résistance, d[e] négation, de privation, comme *ob*stacle *of*fense.

3°. Les obitifs *amplexifs*, ceux dan[s] lesquels l'idée accessoire est celle d'envi[-]ronnement, d'enveloppement, d'exten[-]sion, comme *ob*sidere, *oc*cuper.

4°. Les obitifs *terminatifs*, ceux da[ns] lesquels l'idée accessoire est de motif d'a[c-]tion, de raison, de cause, d'intention, &[c.] comme *of*frir, *ob*liger (servir).

230. Il y a trois variétés d'obitifs :

1°. En *ob* comme *ob*tempérer.

2°. Ceux dans lesquels le *b* a subi l'attraction de la lettre initiale du radical, d'où trois sous-variétés en *op* comme *op*-poser, en *of* comme *of*fusquer, en *oc* comme *oc*cident.

3°. Ceux qui existent avec syncope du *b* dans les composés dont le radical est *mett*, *miss*, &c. omettre, omission.

4°. On pourrait admettre une quatrième variété en *oub*, comme *oub*lier, *oub*lies.

231. La règle d'orthographe des obitifs, consiste à écrire la préposition conformément à sa prononciation, en observant que dans les cas d'attraction on double la lettre initiale du radical, en soustrayant le *b* de la préposition, ce qui a constamment lieu quand le radical de ce genre de décomposés commence par *p*, *f*, ou *c*.

Des péritifs.

232. La préposition *per* ou *par* paraît essentiellement représenter l'action d'occuper, d'une manière éparse ou successive, différens points d'un espace déterminé, comme passage pour arriver à un autre lieu. Mais occuper successivement diffé-

rens points d'un espace déterminé dans ce cas, n'est qu'une traversée, un véritable *moyen* de se rendre au lieu de sa destination, d'où peut-être la préposition *per* ou *par* sera devenue figurément par catachrèse, le signe d'un *moyen quelconque.* Tout moyen, sous le point de vue moral, est licite ou illicite, accordé ou défendu. Dans cette dernière acception, la préposition *per* ou *par* est négative. Qui veut le moyen veut la fin ; rien de plus analogue que l'idée de l'instrument et le résultat d'action. De-là *per* ou *par* se prend quelquefois en sens de terme proposé, abstraction faite de celle de moyen ; enfin cette dernière idée de terme, de but qui doit être atteint, n'est que celle du plus haut degré auquel on peut arriver, et *par*, dans la plupart de ses constructions latines, a une valeur superlative.

233. Un péritif est un prépositif, formé de la préposition *per* ou *par* pure ou altérée, et qui, construite avec un radical, modifie l'idée principale du composé par celle accessoire de l'occupation des différens points d'un lieu le plus ordinairement

en forme de transition, de moyen d'emploi licite ou illicite, de terme proposé, d'augmentation.

234. Il y a quatre sortes de péritifs:

1°. Les *proprement dits*, ceux dans lesquels l'idée accessoire est celle d'occupation successive des différens points d'un lieu, comme *parcourir*, *parsemer*.

2°. Les péritifs *médiatifs* comprenant deux sous-sortes; la première les *positifs*, ceux dans lesquels l'idée accessoire n'est que celle de moyen employé ou accordé, comme *permettre*, *permuter*; les *négatifs*, ceux dans lesquels l'idée accessoire de moyen est en sens d'abus, comme *perfide*, *parjure*.

3°. Les péritifs *terminatifs*, ceux dans lesquels l'idée accessoire est de but ou de terme, comme *parvenir*.

4°. Les péritifs *complétifs*, ceux dans lesquels l'idée du radical est portée à son plus haut degré d'élévation, comme *perfection*, *perturbateur*, *pardonner*.

On peut regarder ces péritifs *complétifs* comme une première sous-sorte, ou *cumulatifs proprement dits*, en admettant une seconde sous-sorte *temporative*, tels que *per*pétuel, &c.

235. Les péritifs sont de deux variétés :

1°. En *per*. Dans la première variété on distingue deux sous-variétés : les péritifs en *per*, comme *per*ception, *per*quisition ; ceux dans lesquels le *r* s'est changé en *l*, comme *pél*erin, *pel*lucide.

2°. En *par*, comme *par*fumer, *par*tout.

236. La prononciation indique elle-même la règle d'orthographe des péritifs, qu'il ne faut pas confondre avec un grand nombre de mots commençant en *per* ou *par*, sans être formés de cette préposition, et qu'on appelle *faux* péritifs.

237. On peut ranger en quatre sections les faux péritifs :

1°. Ceux en *para* du français, et qui appartiennent aux préservatifs (69).

2°. Ceux en *para* du grec, comme (162) *para*bole.

3°. Ceux en *péri*, pareillement du grec, et qui correspondent aux circuïtifs français, comme *péri*style, *péri*phérie.

4°. Ceux en *per* ou *par*, et dont cette

syllabe est en fonction radicale, comme *Persan*, *parchemin*.

Des préitifs.

238. La préposition *præ* des Latins, hypothétiquement *pré*, en français, exprime, comme partie d'oraison dans cette première langue, un rapport de supériorité d'ordre, d'un ou plusieurs objets, placés avant un ou plusieurs autres, qui forment suite dans l'espace ; mais en plusieurs constructions, ce mot est passé de sa signification propre au sens figuré d'existence antécédente dans le temps.

239. Un préitif est un prépositif formé de la préposition *præ* en latin, *pré* en français, qui, construite avec un radical, modifie l'idée principale du composé, par celle accessoire d'avancement dans l'ordre, par rapport à un ou plusieurs objets, ou dans la durée, par rapport à un ou plusieurs instans.

240. Les préitifs sont de deux sortes :

1°. Les préitifs *ordinatifs* ; ceux dans lesquels l'idée accessoire est de supériorité, comme *préposé*, *préférer*.

2°. Les préitifs *temporatifs*, ceux dans lesquels l'idée accessoire est d'époque avancée dans le temps, comme *pré*munir, *pré*venir.

241. Quoiqu'il existe quelques préitifs altérés, il est inutile de les distinguer en plusieurs variétés, ni de déterminer la règle d'orthographe de ce genre de prépositifs, parce qu'elle est indiquée par leur prononciation.

Des prétéritifs.

242. La préposition *præter* des Latins, n'existe qu'hypothétiquement en français; on la traduit par *excepté*, *outre*, &c. mais analysant les composés qu'elle sert à former, on trouve que sa véritable valeur est d'avancer dans l'espace ou dans le temps; d'aller outre, &c. d'où on peut présumer qu'elle est un composé de la préposition *præ* et du nom *iter*, comme qui dirait *præ-iter*, voyage en avant, marche avancée. En effet, la différence de ces deux prépositions *præ* et *præter*, vient de ce que l'une exprime une manière d'être en avant, d'être en tête, et l'autre une ma-

nière de marcher en avant et de laisser un ou plusieurs objets en arrière. Dans cette hypothèse, *prœter* n'est pas une préposition simple ; conséquemment les composés qui résultent de sa construction avec un radical, ne sont pas de purs prépositifs ; mais en supposant momentanément cette préposition comme un mot indécomposé, on peut dire qu'

243. Un prétéritif est un prépositif formé de la préposition *prœter* en latin, *préter* en français, qui, construite avec un radical, modifie l'idée principale du composé, par celle accessoire d'aller en avant, de laisser en arrière dans l'espace ou dans le temps, un ou plusieurs objets.

244. On pourrait diviser les prétéritifs, s'ils étaient assez nombreux, en deux sortes :

1°. Les *proprement dits*, comme *prétermission*.

2°. Les *temporatifs*, comme *prétérition*, &c.

Des postitifs.

245. *Post* n'est qu'une préposition secondaire ; car ce mot est, dit-on, un dérivé de *posito*, *posé* ; mais quelle que soit son origine, comme signe d'un rapport dans l'espace ou dans le temps, il s'est traduit en français par *puis*, usité seulement sous forme désitive dans *depuis*, et en sens temporatif. Ce mot *post*, dans ses composés, exprime l'inverse de *præ*, c'est-à-dire la manière d'être après un ou plusieurs objets.

246. Un postitif est un prépositif formé d'une des variétés *post* ou *puis*, d'une même préposition, qui, construite avec un radical, modifie l'idée principale du composé, par celle accessoire de situation, à la suite d'un ou plusieurs objets, ou d'existence moins ancienne.

247. On pourrait, au terme de cette définition, diviser les postitifs en deux sortes:

1°. Les *ordinatifs*, comme *postscriptum*.

2°. Les *temporatifs*, comme *puîné*.

248. Les deux exemples précédens four-

nissent le type de deux variétés, dont la règle d'orthographe est conforme à la prononciation.

Des proïtifs.

249. La valeur la plus générale de *pro, pour*, comme préposition, ne se retrouve pas dans sa signification ordinaire, comme collocatif. Dans cette seconde fonction *pro, pour*, se prend presque toujours au figuré, et signifie *à cause de, dans l'intention de, afin de, à la place de,* &c. mais comme partie d'un composé, ce mot représente l'idée accessoire de mise en avant, abstraction faite des objets qui peuvent être après ou former suite. Cette idée étant supposée primordiale, elle peut s'allier naturellement à celle d'extraction, de sortie ; car nulle chose n'est mise en avant qu'en sortant préalablement d'un état ou d'un lieu. L'idée de mise en avant peut prendre un caractère moral, et la préposition, douée d'une de ses valeurs collocatives, marquera plus spécialement l'idée d'intention de cause, de motifs conformes ou contraires aux loix, aux usages

reçus. Si la mise en avant n'est qu'une fonction de remplacement, la préposition *pro*, *pour*, modifie l'idée principale du composé, par celle accessoire de représentation. Que l'idée d'un radical soit elle-même analogue à celle de mise en avant, et que la préposition *pro*, *pour*, se construise avec ce radical, elle formera une sorte de proïtifs *cumulatifs*. Enfin, la mise en avant peut métaphoriquement n'être considérée que dans le temps, et il résultera de la construction *pro*, *pour*, une sorte *temporative*.

250. Un proïtif est un prépositif formé de l'une ou l'autre des deux variétés *pro*, *pour*, d'une seule et même préposition, qui, construite avec un radical, modifie l'idée principale du composé, par celle accessoire de mise en avant, abstraction faite des objets qui peuvent être après ou former suite.

251. Il y a six sortes de proïtifs :

1°. Les proïtifs *proprement dits*, ceux dans lesquels l'idée accessoire est celle de mise en avant, purement et simplement, comme *promener*, *projection*.

2°. Les proïtifs *extraïtifs*, ceux dans lesquels l'idée de mise en avant comprend celle de sortie, comme *produire*, *provenir*.

3°. Les proïtifs *terminatifs*, comprenant deux sous-sortes : les *positifs*, ceux dans lesquels l'idée de mise en avant est figurée par le sens moral, d'intention bonne, de terme convenable, comme *proposer*, *protéger*; les *négatifs*, quand l'idée de mise en avant n'est considérée que sous le point de vue d'intention, d'opposition, de résistance, d'infraction, comme *proscrire*, *prostituer*.

4°. Les proïtifs *représentatifs*, ceux dans lesquels l'idée accessoire est prise en fonction de remplacement, comme *pronom*, *propréteur*, &c.

5°. Les proïtifs *cumulatifs*, ceux dans lesquels l'idée du radical est elle-même analogue de celle de mise en avant, comme *profond*, *progressif*.

6°. Les proïtifs *temporatifs*, ceux dans lesquels l'idée accessoire de mise en avant est métaphoriquement dans le temps, comme *promettre*, *prophète*.

252. Il y a deux variétés de proïtifs :

1°. En *pro*, ceux dans lesquels on distingue trois sous-variétés : 1°. en *pro*, comme *pro*vidence : 2°. par métathèse en *por*, comme *por*trait : 3°. dans le cas de la métathèse en *pol*, quand par attraction le *r* se change en *l*, comme *pol*lution.

2°. Les proïtifs en *pour*, comme *pour*voir, *pour*suivre.

L'orthographe de chacune de ces variétés et sous-variétés, est parfaitement conforme à la prononciation.

Des réditifs.

253. La préposition *re*, comme mot isolé, n'existe ni en latin ni en français ; elle désigne en général un *espace* parcouru de nouveau, une action faite plus d'une fois. Cette racine semble offrir un exemple de mimographie ; car de même qu'elle est essentiellement une expression de *pluralité*, ainsi la langue ne la profère que par *plusieurs* vibrations qu'elle exerce contre le palais. Différentes acceptions spécifiques et analogues découlent de la signification générique de cette préposition. On peut

parcourir de nouveau un espace quelconque de deux manières, ou dans le même sens dans lequel il a été parcouru d'abord, ou dans un sens contraire ; en procédant itérativement du premier point de départ au point d'arrivée, ou de ce point d'arrivée au point de départ, d'où on s'est avancé en premier lieu. Cette idée d'itération a beaucoup de rapport à celle de double action, dont l'une peut être regardée sous le point de vue d'égalité, comme compensation ou équilibre de l'autre. Enfin cette idée primitive de *re* étant essentiellement celle des premiers élémens, de la pluralité, peut se généraliser dans la valeur de cette racine, et en faire par catachrèse un signe général d'augmentation.

254. Un réditif est un prépositif formé de la préposition *re* pure ou altérée par attraction ou par syncope, et qui, construite avec un radical, modifie l'idée principale du composé par celle accessoire d'espace parcouru de nouveau, en sens direct ou en sens inverse, et secondairement par celle d'équilibre ou compensation, et quelquefois d'augmentation.

255. Il y a quatre sortes de réditifs :

1°. Les réditifs *proprement dits*, ceux dans lesquels l'idée accessoire est celle de l'espace parcouru de nouveau, ou d'une action faite une autre fois en sens direct, comme *re*lire, *re*tendre.

2°. Les réditifs *négatifs*, ceux dans lesquels l'idée accessoire est celle d'espace parcouru ou d'action faite, mais en sens inverse, comme *re*pousser, *ré*pugner.

3°. Les réditifs *libratifs*, comme *ré*compenser, *re*connaissance (en sens moral).

4°. Les réditifs *complétifs*, ceux dans lesquels l'idée de la préposition est celle de quantité indéfinie, comme *re*paître, *re*gorger.

256. On peut distinguer trois variétés dans les réditifs :

1°. Tous les prépositifs de ce genre dans lesquels *re* n'a subi aucune altération, comme *re*toucher, *re*prendre.

2°. Ceux dans lesquels il est intercallé un *d* par épenthèse euphonique entre la préposition et le radical, comme *ré*demption, *ré*daction.

3°. Ceux dans lesquels le *e* de la préposition s'est élidé, ce qui a lieu le plus souvent dans les constructions de cette préposition avec des abitifs, des aditifs ou des initifs de la seconde variété, comme *r*abattre, *r*ajuster, *r*enverser, &c.

257. Les réditifs d'un même radical, sous forme de première et troisième variétés, sont ordinairement, l'un de la première sorte, et l'autre des sortes négatives, libratives ou complétives ; ainsi *réabattre*, signifie abattre de nouveau, et *rabattre*, abattre tout-a-fait. *Réappeler*, appeler de nouveau, *rappeler*, appeller en sens de révocation, *réenfermé*, enfermé de nouveau, renfermé, enfermé complètement, &c.

258. L'euphonie s'est opposée à ce qu'en français il se fît aucune construction réditive dont le radical commençât par un *r*, et ainsi on ne peut dire *r*eranger, *r*ercaliser, *r*erire, *r*erompre, *r*eruer, &c.

259. Les réditifs dont l'action, exprimée par le radical, est itérativement impossible, sont strictement irrationnels, tels que *retuer*, *remourir*; il faut dire stric-

lement, car on a, par hyperbole en fonction réelle, les mots *renaître*, *revivre*, mais qui ne sont de fait que des expressions approximatives.

Des rétroïtifs.

260. La préposition *retro* des Latins pourrait bien être une contraction de *reitero* pour *re-iterum*; dans ce cas les composés qui résultent de sa construction avec un radical, rentreraient dans le genre des réditifs de la sorte négative : mais en supposant indécomposée, cette préposition, elle peut être regardée comme le caractère d'un genre particulier, marqué, non par l'idée de l'espace parcouru en sens inverse, mais en outre en situation inverse ou opposée, à *rebours* ou à *reculons*; c'est-à-dire, telle est la distinction d'un réditif négatif avec un rétroïtif, comme on le voit dans les mots *regredi* et *retrogredi*, qui, ayant le même but, ne peuvent différer que par la diversité du sens de leur préposition.

261. Un rétroïtif est donc un prépositif formé de la préposition *retro*, qui, construite avec un radical, modifie l'idée prin-

cipale du composé par celle accessoire de l'espace parcouru en sens inverse, et à *reculons* ou à *rebours*, comme *rétrograder*, *rétroactif*, &c.

262. Il y a trop peu de rétroïtifs pour que l'on puisse remarquer entr'eux des caractères spécifiques, ou distinguer différens signes de variétés; leur orthographe étant d'ailleurs conforme à leur prononciation.

263. Le mot *arrière*, comme homologue de *arretro*, est une forme additive de cette préposition *retro*, conséquemment les composés français en *arrière*, sont des additifs rétroïtifs, dans lesquels l'idée accessoire d'aller ou d'être à rebours ou à reculons, comprend celle du terme vers lequel se fait ou existe le rebroussement ou le recul; comme *arrière*pensée, *arrière*saison, &c.

Des séditifs.

264. La préposition *se* est hypothétique en latin et en français, comme la préposition *re*; il résulte de l'analyse de ses composés, que sa valeur primitive est

l'idée d'éloignement d'une ligne de direction, en un mot d'*écartement* au sens propre ou au sens figuré. Le caractère de cette préposition est très-analogue de celui de *ab*, de *de*, de *ex*, &c. et par le double rapport léxique et dogmatique des séditifs et des exitifs, un grand nombre de ceux-ci en latin se sont transformés en ceux-là, en italien, et sont redevenus, pour la plupart, exitifs en français.

265. Un séditif est un prépositif formé de la préposition *se* pure ou altérée, par syncope ou épenthèse, et qui, construite avec un radical, modifie l'idée principale du composé par celle accessoire d'écartement d'une ligne de direction, au propre ou au figuré, comme *séparer*, *séduire*.

266. Sans diviser les séditifs en plusieurs sortes, on peut les distinguer en trois variétés :

1°. En *se*, comme *secret*, *ségrégation*.

2°. Ceux dans lesquels le *e* de la préposition s'est élidé, comme *sobre*, *sourd*.

3°. Ceux dans lesquels il s'est intercalé un *d* euphonique par épenthèse entre la préposition et le radical, comme *sédition*.

267. Les séditifs dont l'orthographe est conforme à la prononciation, sont un moyen satisfaisant d'analyser plusieurs composés inconnus.

Des subitifs.

268. La préposition *sub* des Latins, quelquefois *subter*, en français *sous*, exprime en général, et comme partie d'oraison, et comme partie composante des mots, l'idée de position inférieure, d'un ou plusieurs objets relativement à un ou plusieurs autres, en tant que les premiers servent ordinairement de base aux seconds. Cette idée au figuré doit être celle de soumission dans l'ordre, de même que par la similitude de l'espace à la durée, elle doit représenter dans le temps une manière d'être postérieure entre deux époques. Ces idées d'infériorité d'ordre, de postériorité de temps, ont fait représenter à la préposition *sub*, *sous*, une manière d'être après ou ensuite, de bas en haut; d'approximation du moins au plus : aussi dans la plupart de ses constructions latines marque-t-elle l'approximation de

H

tel objet à tel ou tel autre, l'état en moins du premier au second. De ces quatre idées analogues résultent quatre sortes d'un même genre de prépositifs en *sub, subter, sous*.

269. Un subitif est un prépositif formé de la préposition *sub, subter, sous*, pure ou altérée, et qui, construite avec un radical, modifie l'idée principale du composé par celle accessoire de situation inférieure d'un ou plusieurs objets, relativement à un ou plusieurs autres, en tant que les premiers servent ordinairement de base aux seconds; d'infériorité dans l'ordre, de postériorité dans le temps, de moindres quantité ou qualité.

270. Il y a quatre sortes de subitifs :

1°. Les *proprement dits*, quand l'idée accessoire est purement et simplement de position inférieure ou de fonction de base, comme *supposer, souscoupe*.

2°. Les *ordinatifs*, ceux dans lesquels l'idée accessoire est d'infériorité d'ordre, comme *sous*préfet, *sub*délégué.

3°. Les *températifs*, ceux dans lesquels l'idée accessoire est de postériorité de temps, comme *succ*éder, *sub*séquent.

4°. Les *minoratifs*, ceux dans lesquels l'idée accessoire est de moindres quantité ou qualité, comme *sub*diviser, *sou*rire.

271. Les subitifs sont de trois variétés :

1°. Les subitifs en *sub*, avec conservation ou altération du *b*, d'où trois sous-variétés : 1°. en *sub*, comme *sub*roger : 2°. en *sub*, dont le *b* est altéré par attraction, ce qui a constamment lieu devant *p, f, c, g*, comme *sup*poser, *suf*fisant, *suc*céder, *sug*gérer : 3°. en *su*, comme *su*jet.

2°. La seconde variété comprend les subitifs en *subter*, comme *subter*fuge.

3°. Les subitifs en *sous* pur ou altéré, d'où deux sous-variétés, 1°. en *sous*, comme *sous*traire ; 2°. en *sou*, comme *sou*mettre.

Des supéritifs.

272. *Super, soubre, sobr, sur, sour, sus*, paraissent être six manières d'être d'une seule et même préposition, exprimant le placement d'un ou plusieurs objets relativement à un ou plusieurs autres qui leur servent de base. Cette base est le premier terme du rapport avec la préposition

sub, *sous*, et n'est que le conséquent de ce rapport avec *super*, *sur*. Telle est la différence des idées représentées par chacune de ces deux prépositions. Les différentes constructions de cette dernière, forment un genre de prépositifs, dont les sortes correspondent à celles des subitifs, conséquemment la quatrième doit être *complétive*.

273. Un supéritif est un prépositif formé de la préposition *super*, *sur*, pure ou altérée, et qui, construite avec un radical, modifie l'idée principale du composé par celle accessoire de position plus élevée d'un ou plusieurs objets, relativement à un ou plusieurs autres en fonction de base, de primauté d'ordre ou de temps, et souvent de quantité ou qualité en plus.

274. Les quatre sortes de supéritifs sont :

1°. Les supéritifs *proprement dits*, ceux dans lesquels l'idée accessoire est de position d'un ou plusieurs objets plus élevés, relativement à un ou plusieurs autres en fonction de base, comme *super*ficie, *sur*peau.

2°. Les *ordinatifs*, ceux dans lesquels

l'idée accessoire est d'ordre plus élevé, comme *sur*intendant.

3°. Les *temporatifs*, ceux dans lesquels l'idée accessoire est de temps passé, comme *sus*dit.

4°. Les *complétifs*, ceux dans lesquels l'idée accessoire est de quantité ou qualité en plus, comme *sur*charger, *super*fin.

275. On peut distinguer sept variétés dans les supéritifs :

1°. En *super*, comme *super*stition.
2°. En *soubre*, comme *soubre*saut.
3°. En *sobre*, comme *sobre*quet.
4°. En *sur*, comme *sur*prendre.
5°. En *sour*, comme *sour*cil.
6°. En *sus*, comme *sus*dit.

La prononciation de chacune de ces variétés sert de règle pour l'orthographe du genre prépositif auquel elles appartiennent.

Des transitifs.

276. Sans nier que l'adverbe français *très*, soit dérivé de *tres*, *trois*, signe de l'indéfini, on peut le rapporter médiatement à la préposition *trans*, pure ou alté-

rée de différentes manières, et servant de signe distinctif d'un genre de prépositifs assez nombreux. Soit pour valeur primordiale de *trans*, l'espace parcouru au-delà d'un terme marqué, cette valeur peut métaphoriquement se prendre pour le dépassement d'une époque dans la durée, tandis que d'un autre côté, par son analogie avec l'idée d'infraction, qui n'est au fond qu'un dépassement de limite, elle donne lieu aux transitifs *négatifs*. Toute idée de dépassement de terme, quand on n'est pas précisément frappé du point de vue d'infraction, se présente sous le rapport de changement d'état ou de position, d'où une quatrième sorte de prépositifs de ce genre. Enfin, l'idée intrinsèque de *trans* est inséparable de celle de plus grande quantité dans l'espace parcouru, ou dans le temps écoulé, d'où la cinquième sorte est véritablement *complétive*.

277. Un transitif est un prépositif formé d'une des variétés de la préposition *trans*, *très*, pure ou altérée, et qui, construite avec un radical, modifie l'idée principale du composé, par celle accessoire de dépas-

sement au-delà d'un terme marqué dans l'espace ou dans le temps, d'infraction, de changement ou augmentation.

278. Il y a cinq sortes de transitifs :

1°. Les transitifs *proprement dits*, ceux dans lesquels l'idée accessoire est de dépassement d'un terme dans l'espace, comme *trans*planter, *trans*porter.

2°. Les *temporatifs*, ceux dans lesquels l'idée de dépassement est d'époque dans le temps, comme *trans*mettre.

3°. Les transitifs *négatifs*, ceux dans lesquels l'idée accessoire est d'infraction, comme *tra*ïr, *tra*fiquer.

4°. Les transitifs *mutatifs*, ceux dans lesquels l'idée accessoire est de changement, comme *trans*former, *trans*figurer.

5°. Les transitifs *complétifs*, ceux dans lesquels l'idée accessoire est de quantité indéfinie ou absolue, comme *tres*saillir, *tré*passer.

279. On peut distinguer deux variétés dans les transitifs :

1°. En *trans*, pure ou altérée, d'où trois sous-variétés. Dans le premier cas en *trans*, comme *trans*planter ; en *tran*, comme *trans*crire ; en *tra*, comme *tra*hir.

2°. En *três*, pure ou altéré, d'où l'une en *três*, comme *tres*saillir ; l'autre en *tré*, comme *tré*passer.

Du reste, la prononciation de chacune de ces variétés et sous-variétés, fait règle pour l'orthographe des transitifs.

Des ultraïtifs.

230. La préposition *ultra*, *outre*, paraît un binome dont le second terme peut bien être une variété de *trans*, et le premier, le radical de *ull*um (quelque chose) ; c'est pourquoi ces deux prépositions se ressemblent léxiquement. Elles diffèrent encore moins par leur sens que par leur forme. Les Grammairiens les regardent comme équivalentes, et les Synonymistes ne disent rien de leur caractère distinctif. *Trans* signifie peut-être dépassement d'un terme, dans un sens ou dans une seule direction ; *ultra*, le dépassement de limites en tous les sens, de tous les côtés ; et, suivant l'étymologie présumée, *ultra* signifie *au delà de quoi que ce soit*. Conséquemment

ce mot aurait plus de force expressive que *trans* : cette conjecture prend un air de vraisemblance dans *trépasser*, considéré dans son sens général, et *outrepasser*; deux prépositifs différens, à base identique. Cela posé, on définit ainsi ce dernier.

281. Un ultraïtif est un prépositif formé d'une des deux variétés *ultra, outre*, d'une seule et même préposition, qui, construite avec un radical, modifie l'idée principale du composé, par celle accessoire de dépassement en tous sens.

282. Les ultraïtifs, dont la règle d'orthographe s'indique par la prononciation, se distinguent en deux variétés :

1°. En *ultra*, comme *ultra*montain, *ultra*révolutionnaire.

2°. En *outre*, comme *outre*mer, *outre*cuider.

Des prépositifs du deuxième et troisième degré.

283. La théorie des constructions prépositives, des deuxième et troisième degrés, rentre dans celles du premier degré, en considérant chacune de ces constructions

isolément : par exemple, *indécomposé* est l'initif contradictif de *décomposé*. *Décomposé*, le désitif-négatif de *composé*, et *composé*, le coïtif-relatif de *posé*. Conséquemment *indécomposé* est de *posé* l'initif de la sorte contradictive, désitif de la sorte négative, coïtif de la sorte relative, ainsi exprimé dans la pratique de l'analyse léxicologique.

Le polys.   IN   DÉ COM POSÉ.
Ses genres, *initif*, *désitif*, *coïtif* } du mot.
Ses sortes, contradict. négatif, relatif }

CONSIDÉRATIONS GÉNÉRALES.

284. Dans le développement de toutes ces formules léxicologiques, les prépositions n'ont été considérées qu'en fonction de parties accessoires, servant à modifier la valeur des parties principales ou des radicaux. Tel est, sous ce point de vue, le fondement des *constructions prépositives;* mais ces mots, ordinairement construits avec des radicaux, peuvent à leur tour, dans plusieurs polysyllabes, être en fonction de parties principales; alors leurs valeurs ne sont plus modificatives, mais bien

modifiées par celles d'autres parties qui se construisent avec eux par postposition : par exemple, *super*, en fonction radicale, marque *élévation*. Si cette idée se modifie par un degré de plus, en qualité dans un objet que dans un autre, cette modification se rend par la construction de *ior* ou *ieur* avec *super*: d'où superior, supérieur, plus élevé. Dans ce cas, *super* est en fonction radicale; *ior, ieur* en fonction désinencielle; et la construction *superior, supérieur* est de l'ordre de celles appelées postpositives.

285. Les différentes prépositions qui, dans plusieurs cas, servent de base à des mots formés par leur union avec des désinences, établissent le passage des CONSTRUCTIONS PRÉPOSITIVES aux CONSTRUCTIONS POSTPOSITIVES; et si *contravention, antécédent, posthume*, sont des prépositifs, con*traire*, an*tiquité*, pos*térieurement*, sont des postpositifs.

DES CONSTRUCTIONS POSTPOSITIVES.

286. Une construction postpositive est une opération léxique par laquelle on unit une ou plusieurs *désinences* ou *terminaisons* avec un radical et dont il résulte un mot en fonction de telle ou telle *partie d'oraison*.

287. Les constructions radicales, et même prépositives, servent souvent de bases aux constructions postpositives et réciproquement ; ces supports simples ou composés, sont appelés des *significatifs*, relativement à la partie finale ou initiale, avec laquelle ils se construisent. Par exemple, dans les mots posé, composé, décomposé, indécomposé, *pos* est le significatif du premier ; *compos*, du deuxième ; *décompos*, du troisième, et *indécompos*, du quatrième.

288. Lorsque les parties finales sont tellement accidentelles, qu'elles ne sont regardées que comme les nuances d'un seul et même mot, elles sont dites *terminaisons*. Exemple, *a*, *œ*, *am* sont des *terminaisons*, parce que mus*a*, mus*œ*, mus*am* sont trois modifications d'un même nom.

289. Quand des parties finales, quoique accessoires dans leurs constructions avec des significatifs, forment des mots distincts et modifiés par la valeur de chacune d'elles, elles sont dites *désinences*; *al*, *aire*, *ique*, *eux*, sont des désinences, parce que numér*al*, numér*aire*, numér*ique*, nombr*eux*, qui ont le même significatif, sont des mots distincts.

DES TERMINAISONS.

290. Les parties d'oraison susceptibles des différentes terminaisons qui leur font remplir telles ou telles fonctions dans le discours, sont dites *déclinables*, et les constructions postpositives, par lesquelles elles passent sous ces diverses formes, sont dites *déclinaisons*, d'où les déclinaisons

sont *nominales* ou *verbales*, (selon la division des anciens, *declinatio nominum*, *declinatio verborum*,) quand le mot qu'on décline, ou que l'on fait passer par les terminaisons qui lui sont propres, est *nom* ou *verbe*, &c.

291. Une déclinaison est donc une sorte de construction postpositive, par le moyen de laquelle on modifie la valeur d'un même mot, par la variation de ses terminaisons.

292. Il y a des langues, comme la langue latine, dans lesquelles les rapports des noms se distinguent par la différence de leurs terminaisons, d'où le nom subit la construction *nominative* quand il est en fonction de sujet de la proposition, *accusative* en fonction d'objet, &c. d'où enfin la théorie des déclinaisons *nominales*.

293. Les différens rapports de personnalité et de nombre, de mode et de temps distingués comme idées accessoires de l'idée principale des verbes par les différentes formes de terminaisons dont cette sorte de mot est susceptible, sont l'objet des déclinaisons *verbales*, tant en latin qu'en français.

294. Tous les noms ou les verbes qui sont susceptibles d'être déclinés de la même manière, forment des collections de mots soumis aux mêmes variations, marchant en quelque sorte *ensemble* sous un même *joug*, d'où les *conjugaisons* nominales ou verbales.

295. Les *déclinaisons* diffèrent donc des *conjugaisons*, en ce que les unes sont des constructions d'un même mot avec différentes terminaisons, et les autres, des constructions de différens mots avec les mêmes terminaisons; et il est plus raisonnable de dire, les conjugaisons des noms, les conjugaisons des verbes.

296. Les conjugaisons qu'on regarde comme des variétés les unes des autres dans les noms, dans les verbes, ont été probablement des signes particuliers de quelques idées modificatives. Par exemple, un verbe en *are*, toute chose égale d'ailleurs, a dû avoir une valeur différente d'un verbe en *ire*.

297. De même que les rapports de *mode* et de *temps* dans les verbes, supposent essentiellement ceux de *personnalité* et de

nombre ; ainsi quant aux valeurs terminatives, les formes *personnelles* et *numérales*, se divisent en *modales* et *temporatives*.

Par exemple, *ons* est un signe de première personne plurielle, *ez* de seconde personne du même nombre dans les différens temps et modes, comme dans, nous aim*ons*, nous aimi*ons*, nous aimer*ons*, nous aimeri*ons*, nous aimassi*ons* ; vous aim*ez*, vous aimi*ez*, vous aimeri*ez*, vous aimassi*ez*.

298. La *personnalité* et *l'unité*, ou le *nombre*, n'ont qu'un seul et même signe dans les verbes français, ainsi que le *mode* et le *temps* ont le leur identique ; parce que les deux premières idées sont inséparables, de même que le sont les deux secondes En effet, on ne conçoit l'idée de *personne*, sans que ce soit celle d'*une* ou de *plusieurs*, et une ou plusieurs personnes ne peuvent être affectées de telle ou telle *manière*, que dans tel ou tel *temps*.

299. De-là on reconnaît si un verbe est de telle ou telle personne en *unité* ou en

nombre, à l'inspection de la terminaison isolément considérée, et l'idée composée du *mode* et du *temps*, se déduit de la manière dont la terminaison personnelle et numérale est construite avec le significatif. Par exemple, *ai* est une terminaison de première personne singulière qui, construite immédiatement avec le significatif *aim*, produit aim*ai* (*parfait de l'indicatif*) ; si la terminaison *ai* se construit avec ce même significatif, par l'intermédiaire de la forme infinitive, elle produit aimer*ai*, forme dite *futur de l'indicatif*, &c.

300. Les mêmes considérations peuvent avoir lieu dans quelque système verbal que ce soit.

301. L'emploi des pronoms s'oppose à la confusion qui pourrait résulter des formes personnelles et numérales identiques.

302. Du reste, ces diverses propositions ne sont que des apperçus d'un système qui réduit à l'unité les différentes conjugaisons verbales ; étant donnés les divers impératifs, de la forme desquels on fait dé-

couler, immédiatement ou médiatement, d'une manière générale et régulière, toutes les formes modales et temporatives d'une conjugaison quelconque (1).

304. En supposant connues toutes les transformations des conjugaisons, tant no-

---

(1) 303. Si nous nous sommes servis des anciennes dénominations dans les numéros précédens, ce n'est pas que nous en adoptions le système, mais parce que ces dénominations sont plus connues, et que nous nous proposons d'exposer une nouvelle conjugaison dans notre Cours complet de Léxicologie, fondée sur les premières divisions de la *personnalité*.

Nous nous permettrons d'observer, en passant, qu'il nous paraît extraordinaire que les Grammairiens divisent les formes verbales en *modes*, *temps*, *nombres* et *personnes*, quand il nous semble au contraire que les *personnes* et le *nombre* comprennent les *modes* et le *temps*. En effet, il faut, si l'axiome de l'école est vrai (*modus essendi sequitur esse*), qu'il y ait des *personnes* seules ou en *nombre*, pour être affectées, avant qu'elles le soient de telle ou telle *manière*, dans tel ou tel *temps*. Cette vérité est si naturelle, que dans la langue des Sourds-muets, le signe de la personne et du nombre, pré-

minales que verbales ; de même que dans les unes, les dérivés émanent de la forme génitive, ainsi dans les autres tous les dérivés verbaux découlent du significatif de la première personne plurielle de l'impératif pour le français, ou du significatif *supin* pour le latin.

305. Mais il faut entendre par *supin*, une forme qui n'était anciennement qu'un nom verbal, représentant, d'une manière abstraite, l'action ou l'affection désignée par le verbe, et dont, par désuétude, il n'est resté, dans la plupart des dérivés, que l'accusatif et l'ablatif singuliers. C'est pour cela que ce nom inusité, resté *sans force* d'expression, s'est dit *supin*, d'où le supin en *um* et le supin en *u*.

306. En ne regardant plus les constructions postpositives comme de simples modifications d'un même mot, mais comme des moyens de former des mots différens, on

---

cède même celui du radical ; car pour dire *j'aime*, on commence par le signe du *moi*, avant de mettre la main sur son cœur, et ce n'est qu'après ce second signe que l'on fait celui du présent.

les appelle plus particulièrement *constructions désinencielles*.

307. Il est plus que probable que ces constructions désinencielles ont été primitivement des constructions radicales; c'est-à-dire que les *désinences* sont de véritables *racines* dégradées. Les polynomes, exposés à tous les chocs de la prononciation par leurs derniers *termes*, auront dû subir entr'eux d'énormes altérations, quand, dans leurs parties moyennes, ils n'en auront éprouvé que de légères atteintes : alors les racines en fonction finale n'auront plus eu de rapport léxique avec elles-mêmes en fonction médiale. Forcées de rester dans le mode de composition où elles auront été dépouillées de leur forme primitive, elles n'auront plus été habiles qu'à ces sortes de fonctions, et auront donné lieu aux constructions du troisième ordre ; leurs fonctions dogmatiques n'auront plus été que des nuances d'idées, senties seulement par la force de l'analogie ; elles se seront dérobées aux regards de l'observateur qui, se perdant dans le dédale des altérations *convergentes* et *diver-*

gentes, n'aura vu dans les *désinences* que des rimes *insignifiantes*, des terminaisons fortuitement modifiées par le caprice et consacrées par l'usage.

308. Par la raison que les constructions prépositives sont du premier, du deuxième et troisième degrés, les constructions désinencielles doivent être pareillement du premier, deuxième, troisième, quatrième, cinquième et même sixième, parce qu'il y a quelquefois des combinaisons *sénaires* de cet ordre de constructions.

309. La valeur d'une désinence est le caractère dogmatique d'un *genre* qui se divise en autant de *sortes* et *sous-sortes*, que la construction a d'acceptions différentes, et se distingue en autant de *variétés* et *sous-variétés*, que la désinence a subi d'altérations conservées par des produits *réels*.

310. Les genres se distribuent en classes par les rapports de similitude que l'on peut observer entr'eux, et ces classes sont provisoirement admissibles au nombre de six:

1°. Celle des noms qui, substantifs pour la plupart, expriment le plus ordinairement des rapports de *grandeur* entre les objets.

2°. Celle des différentes modifications des qualités *énonciatives*.

3°. Celle des constructions qui désignent les différens points de vue des valeurs principales des *verbes*, et particulièrement des *genres* de verbes *secondaires*.

4°. Celle des constructions qualificatives à base verbale.

5°. La classe relative aux moyens variés de caractériser les *abstractions* des qualités énonciatives, actives ou passives.

6°. Celle qui comprend les formules des différens noms *concrets*.

311. Les considérations léxiques doivent aussi influer sur le mode d'exposition des genres, et lorsque quelques formes identiques nous ont paru pouvoir en faire confondre de très-distincts, il nous a semblé convenable de traiter de suite les diverses valeurs d'une caractéristique, en plaçant en note les genres étrangers à la classe en question, comme devant être rapportés par la pensée à celle dont ils font parties.

PREMIÈRE CLASSE.

Des constructions désinencielles, comme signes des rapports de grandeur, plus particuliérement entre les objets qu'entre les qualités.

312. Les objets comparés entr'eux, comme susceptibles d'augmentation ou de diminution, doivent paroître *grands* ou *petits*. Les modifications finales, qu'éprouvent les mots sous ce point de vue, sont des expressions de leurs différentes *grandeurs*, d'où les constructions *augmentatives* et *diminutives*.

313. Les langues latine et française ne sont point naturellement susceptibles de constructions nominales en forme d'augmentation, et ne comprennent pas d'augmentatifs formés directement. Cependant la langue italienne, qui ne paraît être qu'un dialecte du latin, est riche de deux degrés d'augmentation, et de deux degrés de diminution, relativement au *positif.*

Par exemple, *cavallo*, un *cheval*; *cavallone*, un *grand cheval*; *cavallacio*, un *très-grand cheval* (cette dernière construction est toujours prise en mauvaise part); *cavallino*, un *petit cheval*; *cavalletto*, un *très-petit cheval*, &c.

314. Mais les diminutifs y sont incomparablement plus usités que les augmentatifs. Ceux-ci ne s'y rencontrent que par construction simple; ceux-là y sont en *ino*, en *etto*, en *ello*, en *otto*, en *illo*, &c. et les constructions en sont souvent *binaires*, et même quelquefois *ternaires*; d'où il paraîtrait qu'en général les formes diminutives seraient plus usitées que les formes augmentatives. Ne serait-ce point parce qu'elles plaisent davantage, parce qu'elles représentent les objets comme étant plus à la disposition de l'homme? Ce serait la raison suffisante du défaut des unes dans les langues, quand les autres s'y multiplient indéfiniment.

DES DIMINUTIFS.

315. Plusieurs Grammairiens n'ont pas voulu reconnaître l'existence des diminu-

tifs en francais; ils ont reproché à cette langue d'être bien inférieure sur ce point au latin, et ils auraient dit à l'italien, si ce dernier idiome leur eût été connu. Cependant le français possède plus de formes diminutives que chacune de ces deux langues, quoiqu'il ait moins de mots affectés de ces formes; on pourrait donc dire que dans ce cas, il est plus *riche* quoique moins *abondant*.

316. On peut rapporter à trois causes l'erreur de ceux qui croient qu'il n'y a pas ou qu'il y a fort peu de diminutifs en français.

1°. Les tropes, par des rapports très-éloignés, mettent une telle distance entre le diminutif et le positif, que l'un et l'autre paraissent incommensurables. En effet, quand on se sert du mot *rotule*, on ne songe plus guère à une petite *roue*, la *canicule* ne rappelle pas l'idée d'une petite *chienne*: quelle distance d'un *anneau* à un petit *an*? voit-on une petite *verge* dans une *virgule*? un *bureau* est-il à présent le signe métonymique d'un petit morceau de *bure*? et quelle analogie saisi on entre une *écuelle* et un petit *écu* ?

2°. Le français a pris au besoin beaucoup de mots dans le latin; et lorsqu'en traduisant un diminutif, le positif restait hypothétique, il n'y avait plus, quelque temps après, de moyen de comparaison, et l'idée du rapport s'évanouissait nécessairement. Agn*eau*, d'agn*ellus*, n'a plus été un diminutif, parce que *agnus* est resté sans homologue, et ces deux termes sont devenus synonymes. Il en a été de même de cell*ule*, diminutif de *cella*; spat*ule*, de *spata*; mam*elle*, de *mamma*, &c.

3°. Ces deux causes de l'erreur des Grammairiens, qui n'admettent point de diminutifs en français, en ont fait naître une troisième de la synonymie des positifs latins avec les diminutifs français; on a confondu plusieurs positifs avec leurs diminutifs dans cette dernière langue, et on a employé à nuances presque imperceptibles les mots *tombe* et *tombeau*, *porc* et *pourceau*, *neuf* et *nouveau*, &c.

317. Ce concours de circonstances a fait que, dogmatiquement parlant, les diminutifs sont assez rares en français, quoiqu'ils

y soient léxiquement nombreux, et qu'il y en ait de sept formes directes, empruntées de plusieurs idiomes ; mais il est bien difficile de déterminer les différences des valeurs de ces diverses formes ; conséquemment d'établir le caractère distinctif du genre marqué par chacune des sept désinences diminutives. Jusqu'à ce que ces désinences soient différenciées, on ne peut donc diviser dogmatiquement cette classe de constructions désinencielles en sept *genres*, mais la distinguer léxiquement en sept *sections*.

PREMIÈRE SECTION.

Des diminutifs en el, eau.

318. La désinence *ellus , a , um* des latins, en français *el*, ou *eau* pour le masculin, *elle* pour le féminin, forme la première section des diminutifs. Tels sont écrit*eau*, arc*eau*, lionc*eau*, cerc*eau*, agn*eau*, cav*eau*, carr*eau*, cout*eau*, faisc*eau*, morc*eau*, &c. dont les homologues sont script*ellum*, arc*ellus*, &c. tels sont citad*elle*, coup*elle*, rond*elle*, soutan*elle*,

tourelle, diminutifs de *cité*, *coupe*, &c. et dont les homologues sont civitat*ella*, cup*ella*, &c.

319. La désinence *eau* est une altération de *el*, forme primitive de tous les diminutifs masculins de cette section. On disait autrefois chât*el* et même cast*el*, au lieu de chât*eau*, d'où on distingue deux variétés de diminutifs de la première section.

1°. En *el*, comme past*el*, cast*el*, &c.

2°. En *eau*, comme tonn*eau*, barr*eau*.

320. Ces deux variétés se sont conservées avec les mêmes bases dans un grand nombre de mots dont les significatifs sont des noms de qualités physiques ou d'objets usuels en fonctions de noms *propres*; d'où les Chauv*el*, les Chauv*eau*, les Blond*el*, les Blond*eau*; les Lun*el*, les Lun*eau*; les Lois*el*, les Lois*eau*; les Marc*el*, les Marc*eau*; les Mor*el*, les Mor*eau*; les Pin*el*, les Pin*eau*; les Fayd*el*, les Fayd*eau*, &c. (1).

_____

(1) Les familles de la première variété paraissent plus anciennes que celles de la seconde, et

321. Les dérivés et composés des diminutifs en *el* ont été d'usage avant la transformation de cette désinence en *eau*; il y a eu des Chap*eliers*, des Tonn*eliers*, avant que les chap*els* et les tonn*els* devinssent des chap*eaux* et des tonn*eaux*; c'est pourquoi tous ces diminutifs en *eau* ne se construisent avec d'autres désinences, que sous leur première forme; et monc*eau* devient monc*el*, dans son additif verbal, amonceler; bateau, devient bat*el* dans batelée, &c. (1).

---

celles-ci originaires du nord, tandis que celles-là le seraient du midi de la France.

Des tuméfactifs.

322. (1) Il existe, et en pathologie sur-tout, un genre de déclinatifs grecs équidésinens des diminutifs féminins de la première section, avec laquelle il est facile de ne les pas confondre : ce sont les composés en *cèle*, d'un mot grec signifiant *tumeur*, *élévation*; d'où ces composés peuvent s'appeler *tuméfactifs*. Dans ce cas isoc*èle* est le tuméfactif de *isos* (*égal*), qui s'élève également des deux côtés de la base ; hydroc*èle*, tumeur d'*eau*, tuméfactif de *hydros* (*eau*).

II.ᵉ SECTION.

Des diminutifs en et.

327. La désinence *et* pour le masculin, *ette* pour le féminin, de *etto* des Italiens,

---

323. Il est bon de remarquer que ce genre de déclinatifs ne pourroit se confondre avec les diminutifs de la première section, que par la prononciation ; car sa règle d'orthographe consiste à ne jamais doubler la palato-linguale de son terme constant, et, d'ailleurs, à écrire toujours la palato-dento-linguale, de ce même terme, par *c*, suivi de *s*.

Des subsécutifs.

324. Il existe en latin un assez grand nombre de significatifs verbaux, avec lesquels se construit la désinence *ela*, pour former des noms, ordinairement abstraits, Tut*ela* de *tutum* ; *tueri* (défendre); cur*atela*, de *curatum* ; *curare* (soigner) ; sequ*ela*, de *sequi* (suivre) ; quer*ela* de *queri* (se plaindre), &c. Ces noms en *ela*, par une duplication abusive, se sont traduits en *elle*, au lieu de *èle*, on a dit et écrit tut*elle*, cur*atelle* ; sequ*elle*, quer*elle*, pour tut*èle*, cur*atèle*, sequ*èle*, quer*èle*, orthographe que l'on devrait prescrire ; car, par la convergence

construite avec des noms substantifs ou adjectifs, modifie l'idée du significatif par celle accessoire de moindre dimension dans l'objet, ou de moindre intensité dans la qualité, comme touch*et*; une petite *tou-*

---

actuellement existante, on peut confondre les homologues des mots en *ellus*, *a*, *um*, avec ceux des mots en *ela*. Cependant l'analyse dogmatique empêche qu'on ne les confonde : ceux-ci à base verbale forment un genre qui paraît exprimer l'idée du significatif dans les rapports de ce qui doit former suite, série ; de ce qui suppose des développemens ultérieurs et *subséquens*, d'où ces noms sont appelés *subsécutifs*.

325. Les subsécutifs sont de trois *sortes*:

1°. Les *actifs*, quand l'idée de suite ou série procède de celle d'une *action*, comme tut*elle*, curat*elle*, quer*elle*.

2°. Les *énonciatifs*, quand cette idée est une simple *énonciation*, comme parent*elle*, client*elle*, kyri*elle*.

3°. Les *objectifs*, quand, par synecdoque ou métonymie, ce genre de noms s'emploie en signe d'*objets*, comme chand*elle*.

326. Il ne faut pas confondre avec les diminutifs en *elle*, les féminins des adjectifs en *el*, variété de *al*, comme différenti*elle*, origin*elle*, &c. (397).

che ; signe*t,* un petit *signe ;* maigre*t,* un peu *maigre ;* aigre*t,* un peu aigre, &c.

328. Cette désinence comme la précédente, construite avec des noms de qualités physiques ou d'objets, donne lieu à une grande quantité de noms *individuels*, d'où les Louve*t*, les Chaude*t*, les Frere*t*, les Barde*t*, les Colle*t*, &c.

329. Les diminutifs de la seconde section ont cela de différent de ceux de la première, qu'ils s'emploient en forme de prédilection, et en fonction de dérivés de presque tous les noms *appellatifs* féminins. Exemple, Mari*ette*, Ann*ette*, Jeann*ette*, Juli*ette*, Antoin*ette*, Georg*ette*, &c. diminutifs appellatifs de *Marie*, *Anne*, *Jeanne*, *Julie*, *Antoine*, *George*, &c.

IIIe SECTION.

Des diminutifs en ille.

330. La désinence *illus, a, um* des Latins, comme diminutive, a fourni, par son altération directe, la section des diminutifs français en *ille*, tels sont croû*tille*, coqu*ille*, chev*ille*, flot*ille*, che-

hille, diminutifs de *croûte*, *coque*, *clou* (*clavus*); *flotte*, *chaîne*, &c.

331. Il existe beaucoup de diminutifs de cette section à base hypothétique; de ce nombre sont brout*ille*, béat*ille*, vét*ille*, guen*ille*, &c.

332. Les deux *l* de la désinence *ille* sont le signe constant du mouillement de cette articulation dans cette section de diminutifs que la prononciation empêche de confondre acoustiquement avec les constructions *dispositives*.

IVe SECTION.

Des diminutifs en ole, euil.

333. La désinence *ole*, rarement *ol*, quelquefois *euil*, est une double altération de son homologue *olus*, *ola*, *olum* en latin; elle remplit en français la même fonction dogmatique que dans la langue d'où elle vient. Exemple, gl*oriole*, arté*riole*, best*iole*; diminutifs de *gloire*, *artère*, *bête*; d'où par traduction ou construction analogique, plusieurs autres à base hypothétique, comme vi*role*, giron*dole*, auré*ole*, alvé*ole*, &c.

K

334. Il y a plusieurs mots en *euil*, dont les homologues latins sont en *olus* ou *olium*, et qui semblent offrir une variété de cette section de diminutifs; les noms qui en résultent, sont souvent des désignations de lieu, comme Arc*ueil*, Aut*euil*, Champign*eul*, Bret*euil*, quoiqu'ils servent aussi à représenter des personnes ou objets ; tels que Bouvr*euil* , aï*eul* fili*eul*, écur*euil*, o*euil*. D'après ces apperçus, on peut distinguer en deux variétés, les diminutifs traduits de *olus* :

1°. En *ol* ou *ole*, d'où deux sous-variétés : de la première est rossign*ol*, de la seconde rouge*ole*.

2°. En *euil*, comme aï*eul*, fili*eul*.

Ve SECTION.

Des diminutifs en on.

335. La désinence *on* remplit des fonctions dogmatiques très-vagues, celle dans laquelle elle se trouve le plus ordinairement construite est en sens *diminutif*, c'est pourquoi elle peut être regardée en général comme signe de la cinquième section

de cette classe de constructions désinentielles. Cette valeur de la terminaison *on*, vient peut-être du grec où les diminutifs sont des binomes dont le premier terme est le nom de l'objet, et le second est *Dion*, qui veut dire *fils, issu, petit*, &c. Exemple, *ictys* (*Piscis*), *ictydion*, (*Pisculus*). *Oikia* (*Domus*), *oikidion*, (*Domuncula*), &c. Serait-ce par cette analogie que chat*on* signifierait petit du *chat*; aigl*on*, petit de l'*aigle*; ois*on*, petit de l'*oie*; et que par catachrèse, rat*on*, cord*on*, caraf*on*, chiff*on*, sabl*on*, chaudr*on*, pelot*on*, représenteraient l'idée plus générale de petit *rat*, petite *corde*, petite *carafe*, petite *chiffe*, menu *sable*, petite *chaudière*, petite *pelote*, &c. ?

336. Cette conjecture n'est pas hors de toute vraisemblance, car beaucoup de diminutifs de cette section se prennent en sens d'*extraction*, d'où l'idée de diminution par *portion*, et une sorte de diminutifs *partitifs*; dans brid*on*, lard*on*, aiguill*on*, échel*on*, chaîn*on*, cueiller*on*, fourch*on*, fourchet*on*, ailer*on*, jamb*on*, paler*on*, qui ne signifient pas petite *bride*, petit

lard, petite *aiguille*, petite *échelle*, &c. mais partie de la *bride*, petit morceau de *lard*, extrémité d'une chose *aiguë*, barreau d'une *échelle*, &c.

357. En suivant l'analogie de l'étymologie grecque de la désinence *on*, ne peut-on pas penser que c'est par la même raison de filiation, d'origine, d'extraction qu'elle se construit avec plusieurs noms de lieux ou de pays, pour désigner ceux qui les habitent; d'où les mots Sax*on*, Gris*on*, Bourguign*on*, Berrich*on*, &c. originaire de *Saxe*, *Grise*, *Bourgogne*, du *Berri*, &c. d'où la sorte *extractive* des diminutifs en *on* ?

358. Les diminutifs en *on* forment d'ailleurs une sorte très-nombreuse dans la construction de leur désinence avec des noms appellatifs de femme, et sont féminins quoique formellement masculins : tels sont Louis*on*, de *Louise* ; Mari*on*, de *Marie* ; Jeannet*on*, de *Jeannette* ; Gott*on*, de *Gotte*, pour *Marguerite*, &c. Ces noms appellatifs ne se donnant ordinairement que dans des relations de service domestique, représentent toujours une

idée de rapports *famulaires*, et cette sorte peut être dite *famulative*.

339. La plus grande partie des noms d'objets en *on* sont des diminutifs ; il en existe une certaine quantité affectée d'une idée tout-à-fait opposée, ce sont les mots en *on* de la désinence augmentative *one* des Italiens (505). Tels sont sall*on*, de sall*one*, grande *salle;* can*on*, de can*one*, grande *canne*, (*grand tube*); ball*on*, de ball*one*, grande *balle*, (*grand globe*,) &c. et par analogie, caiss*on*, grande *caisse*. Tous ces mots et ceux qui leur correspondent dogmatiquement, composent un genre d'*augmentatifs-objectifs* de *forme diminutive*, que l'usage seul peut apprendre à distinguer des diminutifs de la cinquième section.

340. Cette désinence *on* ou *one* des Italiens, peut venir de *o, onis* des Latins, qui, dans plusieurs constructions avec des significatifs verbaux, exprime avec excès l'action déterminée, comme qualité dans celui qui l'exerce ; tels sont ed*o*, ed*onis*, grand mangeur, de *edere*, manger. Bibero, bibero*n*, grand buveur, piéton,

grand marcheur, &c. Peut-être par l'analogie de qualité grandement active avec l'idée de travailleur, y a-t-il plusieurs noms d'ouvriers en *on*, comme charron, maçon, pour masson, bucheron, forgeron; d'où une sorte d'*augmentatifs actifs* de forme diminutive.

341. On peut donc, dans les constructions en *on*, compter quatre *sortes* de diminutifs et deux *sortes* d'augmentatifs *de forme diminutive* :

1°. Les *proprement dits* : exemple, raton, peloton.

2°. Les *partitifs* : exemple, fourcheton, cueilleron.

3°. Les *extractifs* : exemple, Saxon, Bourguignon.

4°. Les *famulatifs* : exemple, Louison, Marion.

Dans le second cas, 1°. les *objectifs* : exemple, ballon, sallon.

2°. Les *actifs*, forgeron, biberon, &c. (1).

---

342. (1) Il y a beaucoup de noms en *on*, dont la base est un significatif verbal, et qui ne doivent être confondus avec aucuns des dérivés en *on*; ils

VI.ᵉ SECTION.

Des diminutifs en ot.

344. La désinence *ot* masculine, *otte* féminine, de l'italien *otto*, ne paraît pas avoir une autre valeur que la désinence *et*, *ette*; elle forme le caractère de la sixième section des diminutifs. Tels sont, comme diminutifs-objectifs, ballo*t*, petite *balle*; fago*t*, petit *faix*; gigo*t*, petite *gigue*; goulo*t*, petit *cou*.

345. Ronsard avait voulu rendre presque universelle cette construction : il écrivait bergero*t*, pour petit *berger*; follo*t*, petit *fou*; bello*t*, petit beau, &c. mais

appartiennent à une variété de noms verbaux en *ion*, construits sur des supins, comme moisson, boisson, leçon, foison, façon, toison, homologues de messio, bibitio, lectio, fusio, factio, tonsio, &c.

343. Quant aux noms de lieux, de villes, de bourgs, terminés en *on*, ils peuvent être considérés comme des dérivations dont la raison étymologique s'est perdue par les écarts de leurs analogies, presque toujours éloignées.

ces innovations n'ont pas eu de succès; il paraît cependant, qu'indépendamment de cette direction que Ronsard avait voulu donner aux diminutifs en *ot*, ces constructions étaient d'ailleurs beaucoup plus fréquentes de son temps qu'aujourd'hui; on peut en juger par la quantité de noms propres en *ot*. Exemple, Coll*ot*, Carn*ot*, Petit*ot*, Mign*ot*, Gauther*ot*, &c.

346. Il existe même encore dans divers pays de la France, une sorte de diminutifs en *ot* et en *otte*, comme appellatifs, tels que Juli*ot*, Jan*ot*, Pierr*ot*, Jacqu*ot*, Louis*ot*, Juli*otte*, Jac*otte*, &c. mais ces dénominations ne sont d'usage que dans les campagnes.

VII.ᵉ SECTION.

Des diminutifs en ule, oule, eille.

347. La désinence *ulus*, *ula*, *ulum*, francisée en *ule*, rarement *ul*, est le caractère de la section des diminutifs; elle fournit un très-grand nombre de constructions en termes scientifiques; elle ne donne point lieu à des noms propres

comme les dix précédentes, d'où il résulte que sa valeur est moins commune et tient plus aux idées des érudits qu'aux perceptions de la multitude; telles sont les idées des diminutifs, glob*ule*, vén*ule*, mod*ule*, lun*ule*, ventric*ule*, moléc*ule*, virg*ule*, pédic*ule*, &c. relativement à celles de leurs positifs, *globe, veine, mode, lune, ventre, mole, verge, pied*, &c.

548. Il est d'observation générale qu'il n'existe aucun nom des troisième et quatrième conjugaisons latines, qui passe sous forme diminutive de la septième section, sans l'intercallation d'un C entre la désinence et le significatif. *Moles, molis,* mole*Cula,* mole*Cule, pars, partis,* parti*Cula,* parti*Cule,* bas*Cule,* ventri*Cule,* opus*Cule,* animal*Cule,* cuti*Cule,* cani*Cule,* portion*Cule,* &c. Cette observation peut servir à reconnaître à l'inspection d'un diminutif de français en latin, si son positif est ou n'est pas le plus ordinairement de la troisième conjugaison. Réti*Cule,* pelli*Cule,* caron*Cule,* font présumer qu'ils ont pour base des mots dont le génitif est *retis, pellis, carnis,* pour *caronis*.

349. Il est certain que l'intercallation de cette lettre C dans les constructions diminutives en *ule*, avec des noms de la troisième conjugaison latine, n'est point l'effet d'une épenthèse ; il est probable qu'elle doit se rapporter à une construction intermédiaire, dont la valeur se sera perdue.

350. La désinence *ule* s'est souvent altérée par une syncope abréviative, d'où une variété nombreuse de cette section difficile à reconnaître ; de cette variété sont trem*ble*, cer*cle*, arti*cle*, an*gle*, rè*gle*, pour trém*ule*, circ*ule*, artic*ule*, ang*ule*, rég*ule*, formes conservées dans les dérivés *trémulation*, *circulatoire*, *articulation*, *angulaire*, *régulateur*, &c. Les cas dans lesquels cette variété se forme le plus fréquemment, sont lorsque le significatif se termine par une labiale ou une palato-basio-linguale ; cette variété est donc en *ble*, *cle*, *gle*.

351. Dans ce dernier cas, c'est-à-dire quand le significatif d'un diminutif en *ule*, se termine par *c* ou *g*, précédé d'un *i*, sa partie finale étant *icule* devient *icle*, et

cille, par une double altération ; d'où *corbeille, corneille, abeille, orteil, bouteille*, &c. de *corbicula, cornicula, apicula, articulus, boticula*, &c. Alors *eil, eille,* est une variété de la septième section des diminutifs (1).

353. Une troisième *variété* en *ule*, par métagramme de *u* en *ou*, sans ou avec mouillement du *l*, comprend deux *sous-variétés* : de la première sont *ciboule*, de *cipula* : de la seconde, *genouil, caillouil,* devenus *genou, caillou, grenouille, fouille, dépouille* et *fenouil*, &c.

354. Ces trois *variétés* de diminutifs de la septième section *ule*, sont bien moins abondantes que la première, qui fournit encore plus d'hypothétiques que de réels ; tels sont, *navicule*, dans *naviculaire* ; *mascule*, dans *masculin* ; vas-

---

352. (1) Cette finale *eille* est très-vague ; elle est une triple convergence de *iculá, ilis, abilis*. Ex. *veille*, de *vigiliæ* ; *pareil*, de *parilis* ; *merveille*, de *mirabile*, &c.

cule, dans *vasculeux*; orbicule, dans *orbiculaire* (1).

Observations générales sur les diminutifs en constructions postpositives du deuxième degré.

359. Les sept désinences diminutives, et particulièrement la dernière, sont sus-

---

Des auxiliatifs de forme diminutive.

355. (1) Il ne faut pas confondre avec les diminutifs de la septième section, un genre de mots équidésinens formés des parties finales *abulum, ibulum; abule, ibule; aculum, iculum; acule, icule*, construites avec un significatif verbal ou nominal, comme *conciliabulum, conciabule*; *infundibulum, infundibule*, &c.

356. Cette désinence *abulum, ibulum*, ainsi que *aculum, iculum*, sont des parties finales dont l'analyse est tout-à-fait inconnue. La valeur des élémens *ab, ib; ac, ic*, joints à *ulum*, ne présentent aucun rapport avec la valeur de cette terminaison; il est d'observation seulement que tous ces mots en *abulum, ibulum; aculum, iculum*, expriment des noms de moyens, d'instrumens ou de lieux, et qu'on peut faire de tous ces mots une collection d'*auxiliatifs de forme diminutive.*

On comprendra dans cette collection, comme

ceptibles de se combiner avec toutes les autres dont elles modifient la valeur par la

altération, les mots en *acle, icle; able, ible*, contractés de *aculum, iculum; abulum, ibulum*, tels que *miracle* de *miraculum; péril*, pour *pèricle*, de *periculum; stable*, pour *stabule*, de *stabulum*, &c.

357. Quoique la métagramme de *r* en *l*, dans ce cas, soit contestable, on pourroit encore ajouter à cette collection les mots en *acrum, icrum; abrum, ibrum*, comme des variétés de *aclum, iclum; ablum, iblum*, duquel nombre seraient *simulacrum, simulacre; ludicrum; candelabrum, candélabre*, &c. parce que ces mots en *acrum, acre; icrum, icre; abrum, abre; ibrum, ibre*, paraissent avoir la même valeur que les mots en *acule, icule, abule, ibule*, &c.

358. Dans cette hypothèse, les auxiliatifs de forme diminutive, se distingueraient en quatre variétés résultantes de la désinence *ulum, ule*, précédée de la syllabe *ab* dans la première; *ib* dans la deuxième; *ac* dans la troisième; et *ic* dans la quatrième, d'où chaque variété se sous-diviserait en trois sous-variétés: 1°. la double désinence, sans aucune altération: 2°. avec syncope abréviative de *u*: 3°. avec cette syncope et la métagramme de *l* en *r*.

Dans la première variété, les mots en *abulum, ablum, abrum*.

Dans la deuxième, en *ibulum, iblum, ibrum*.

leur propre ; ainsi *vase* sous forme diminutive devient vasc*ule*, petit vase, *vaisseau*, d'où *vasculeux*, plein de vaisseaux. *Fur*, voleur de nuit, homme qui se glisse en se cachant : *furet*, petit animal qui se glisse de cette manière ; et fur*eter*, agir à la manière des furets. *Calx, calcis, cal*, pierre, calc*ulus*, calc*ul*, petite pierre ; calc*uler*, agir avec des petites pierres ; *compter;* calc*ulable*, qui peut être calculé ; *in*calc*ulable*, qui ne peut pas être calc*ulé*, &c. En cela les diminutifs n'ont rien de particulier des autres constructions désinencielles du premier degré qui se composent et se surcomposent ; mais ce qui leur est spécialement relatif, est la combinaison de leurs désinences entre elles et la construction de quelques-unes de ces désinences, avec la terminaison verbale *er*.

DES DIMINUTIFS COMPOSÉS.

360. Les désinences diminutives sont susceptibles de se combiner deux à deux

---

Dans la troisième, en *aculum, aclum, acrum*.
Dans la quatrième, en *iculum, iclum* et *icrum*.

et de former des doubles diminutifs. Ainsi le diminutif agn*eau* devient double diminutif dans agn*elet*; *loup* a pour diminutif du premier degré l'hypothétique louv*et*, et du second degré le réel louv*eteau*, pris dans le sens diminutif simple.

361. Aucune désinence diminutive ne se combine avec elle-même, et si chacune d'elles se combinait avec les six autres, il résulterait quarante-deux formes de doubles diminutifs. Mais l'euphonie a banni la combinaison binaire de celles qui renferment la même consonne, de manière que les quatre désinences *el*, *ille*, *ole*, *ule*, d'une part, et les désinences *et*, *ot*, de l'autre, ne se combinant pas entr'elles chacune à chacune, font douze combinaisons dans le premier cas, et deux dans le second à déduire de quarante-deux, reste au plus vingt-huit formes binaires de diminutifs du deuxième degré que l'on rencontre en français assez souvent dans les noms propres (1).

---

362. (1) Quoique la désinence *in* ne soit pas

363. Les combinaisons ternaires des diminutives ne sont pas sans exemples; mais elles sont très-rares, et ne se trouvent que dans les noms appellatifs par mignardise.

DES DIMINUTIFS VERBAUX.

1°. *Des diminutifs-gradatifs.*

364. La désinence *ot* s'intercalle assez souvent entre un significatif verbal, et la terminaison *er*; d'où la double désinence *ôter*, marquant l'action faite graduellement et petit à petit; ce qui fait un genre de verbes composés, appelés *diminutifs-gradatifs*. Dans ce cas, *buvoter* est le diminutif-gradatif de *boire*, *tapoter*, de *taper*, *couloter*, de *couler*, *baisoter*;

---

primitivement diminutive, cependant elle en remplit les fonctions secondaires dans la plupart des substantifs; en l'admettant comme élément du calcul, avec les restrictions euphoniques ci-dessus déterminées, le nombre des combinaisons binaires et rationnelles des diminutifs, s'élèvera jusqu'à quarante.

de *baiser*, chipoter, de *chiper*, dans son sens primitif de *capere*, prendre, &c.

365. Ce genre de construction est très-commun en style populaire, et comprend un grand nombre de mots qui se disent familièrement et ne s'écrivent pas.

2°. Des diminutifs-fréquentatifs.

366. La désinence *ille* intercalée entre un significatif verbal et la terminaison *er*, forme la double désinence *iller*, marquant l'action faite en petit mais fréquemment, et ce genre de verbes composés, s'appelle *diminutif-fréquentatif*; dans ce cas pet*iller* est le diminutif-fréquentatif de *peter*, saut*iller*, de *sauter*, grap*iller*, de *griper*, mord*iller*, de *mordre*, tort*iller*, de *tordre*.

367. Ce genre de construction est moins vulgaire que le précédent, mais il n'est guère d'usage qu'en style familier ou descriptif.

IIᵉ CLASSE.

Des qualificatifs à base nominale.

568. Si les premiers rapports que l'on peut supposer avoir été apperçus entre les objets, sont ceux de *grandeur*, le plus ou le moins aura dû se faire remarquer d'abord, dans les modifications saillantes des *qualités*. Or toute qualité vue dans un objet, laisse l'idée de cet objet, *plus* celle de telle ou telle manière d'être dont il est affecté, l'idée d'un objet à laquelle est *ajoutée* une autre idée ; et le signe de celle-ci s'est appelé léxiquement *adjectif* : c'est pour cela que la valeur du mot *qualité* est habituellement *positive*, et que dire *qualité* seulement, c'est dire *bonne qualité*. En conséquence de la direction du sens général de ce terme, les constructions désinencielles des adjectifs de la plupart des langues, ont été dans leurs fonctions léxicologiques, significatives *en plus* et non *en moins*; d'où en latin les différens *degrés de comparaison*, au-dessus et non au-

dessous du *positif*, c'est-à-dire, de la qualité donnée comme unité ou point de départ.

Des comparatifs.

369. Plusieurs Grammairiens ont voulu rejeter l'emploi du mot *comparatif* comme insignifiant, parce qu'il ne désigne pas plus par lui-même le résultat positif que le résultat négatif de la comparaison : l'observation est juste sous le rapport grammatical. Cette expression équivaut aux locutions formées des adverbes *plus*, *moins*, *aussi*, unis à des adjectifs, tels que *plus sage*, *moins sage*, *aussi sage que*, etc. mais sous le point de vue lexicologique, on peut conserver le mot *comparatif*, parce qu'il n'y a point de constructions désinencielles en moins ni en égal, et que ce mot ne peut se prendre que comme signe d'un résultat en plus.

370. Il n'est presque pas d'adjectifs latins qui n'aient une forme comparative exprimant dans tel objet, la qualité en plus que dans tel autre, et résultant de la construction des désinences *ior*, pour le mas-

culin, et le féminin, *ius* pour le neutre, avec les significatifs-génitifs des mots qui leur servent de bases. Exemple, doct*i*, doct*ior*, auda*cis*, auda*cior*, etc. *Docte, plus docte; qui ose fortement, qui ose plus fortement* (1).

371. Il y a quelques comparatifs dont le *i* désinenciel s'est altéré, comme dans *major* pour mag*nior*, etc.; dans quelques autres dont le positif n'existe pas, tels que *pejor*, *minor*, etc.

372. Les comparatifs français n'existent que par traduction des comparatifs latins, et le plus fréquemment dans les mots dans lesquels des prépositions sont en fonctions radicales, comme sup*érieur*, inf*érieur*, ant*érieur*, post*érieur*, int*érieur*, ext*érieur*, prieur, cit*érieur*, ult*érieur*, etc. dans quelques autres cas, comme ma*jeur*, mi*neur*, meill*eur*, seign*eur*, etc.

373. Il y a quelques-uns de ces derniers

―――――――――――――――

(1) La désinence neutre *ius*, affectée d'un accent grave, comme dans *iùs*, est le signe de l'adverbe comparatif : ex. doct*iùs*, plus doctement; fort*iùs*, plus fortement.

qui, en se traduisant par apocope complète d'une part et incomplète de l'autre, ont formé deux variétés, dont la seconde est irreconnaissable, comme *moindre*, variété de *mineur*, *maire* de *majeur*, auxquelles il faut joindre *pire*, de *pejoris*, dont la variété *pejeur* n'est pas usitée.

374. Il est trop facile de distinguer un genre de qualificatifs verbaux et nombreux en *eur*, ainsi qu'un genre de noms abstractifs, équidésinent, d'avec les formes comparatives, pour ne pas traiter chacun de ses genres dans leurs classes respectives. *Voyez* les *assuéfactifs* et les *perceptifs*.

Des superlatifs.

375. La désinence *imus*, *ima*, *imum*, des Latins, n'est, selon quelques Etymologistes, que le nom *imus*, signe de profondeur ou élévation, et par catachrèse, d'augmentation indéfinie, de supériorité absolue de tel ou tel objet, dans les résultats de sa comparaison entre tous les autres objets avec lesquels on le met en rapport; d'où la forme *superlative*, aussi fréquente en latin que celle du genre précédent.

376. Sans rendre compte de l'intercalation de la syllabe *iss* ou de *ss* dans la plupart des constructions de la désinence *imus, a, um* avec des adjectifs, il est d'observation qu'un superlatif résulte en général de la construction de *issimus* avec le significatif-génitif de tous les noms qui ne sont pas en *er*, ou de *rimus* avec le nominatif de ces mêmes noms en *er*, et que cette construction désigne la qualité au plus haut degré dans l'individu auquel elle est rapportée. Exemple, doct*issimus* et celeber*rimus hominum : le plus docte et le plus célèbre des hommes.*

377. Cette syllabe d'intercalation a disparu dans max*imus*, de magn*issimus*, ou mag*issimus ;* elle semble n'avoir jamais existé dans min*imus*, ult*imus*, inf*imus*, int*imus*, etc. et en général, dans les superlatifs à base d'adjectifs en *er*, dans lesquels il y a eu duplication du *r* pulcher*rimus* pour pulcher*imus* : c'est peut-être par les altérations de cette forme que supre*mus*, extre*mus*, postre*mus*, se disent pour super*imus*, exter*imus*, poster*imus*, etc.

378. Il n'existe guère de superlatifs

français que par traduction de leurs homologues latins, comme illustr*issime*, révérend*issime*, de illustr*issimus*, reverend*issimus*. Cependant on en peut avoir par construction, comme grand*issime*, habil*issime*, car grand*issimus* et habil*issimus* ne sont pas usités en latin.

379. On peut compter deux sortes de ce genre :

1°. La sorte adjective, comme illustr*issime*, révérend*issime*.

2°. Les superlatifs pris substantivement comme noms personnels. Exemple, général*issime*, min*ime*, etc.

380. Ces formes superlatives se distinguent en trois variétés :

1°. En *issime*, comme général*issime*, ampl*issime*.

2°. En *ime* seulement, comme min*ime*, max*ime*.

3°. En *ême*, comme supr*ême*, extr*ême*, etc. (1).

―――――――――――――――

Des noms ordinaux.

381. (1) La désinence *imus*, *a*, *um*, n'a plus aucun rapport avec sa valeur superlative dans ces

Des réplétifs.

381. La désinence latine *osus, a, um*, le plus souvent *eux* en français, quelquefois

---

constructions à bases *numérales*; elle désigne seulement le rang occupé dans une série, ou la raison d'une partie avec un tout ; dans ce cas les qualificatifs qui en résultent ont été appelés des *noms ordinaux*.

382. Il faut diviser ces noms ordinaux en deux sortes :

1°. Les *proprement dits*, quand il ne s'agit que de la détermination d'un rang occupé dans une série, comme *decimus*, le *dixième*, celui précédé de neuf.

2°. Les ordinaux *partitifs*, quand le mot se prend en sens de fraction, dont le dénominateur est marqué par la valeur de la base : ex. les deux *sixièmes* d'un tout sont égaux au tiers.

383. Les noms ordinaux sont de deux variétés :

1°. En *ime*, ex. *décime*, *centime*.

2°. En *ième*, ex. *troisième*, *onzième*.

Les ordinaux de la première variété sont communément partitifs, et ceux de la seconde sont des deux sortes.

384. Il ne faut pas confondre avec les superlatifs

ose, rarement *oux*, si ce n'est dans les dialectes de l'Ouest, est un signe très-marqué de quantité en plus, d'abondance, en un mot de *plénitude*, dans la qualité désignée par la construction de cette désinence, avec une base le plus souvent nominale; d'où il résulte qu'

386. Un réplétif est un postpositif formé par la construction d'une des variétés *eux*, *ose*, *oux*, d'une seule et même désinence avec une base le plus souvent nominale, et qui exprime en quantité, en abondance, avec *plénitude*, la qualité représentée directement ou indirectement par le significatif.

387. Il y a deux sortes de *réplétifs* :

1°. Les réplétifs *directs*, quand le significatif indique directement la qualité dont

---

ni avec les noms ordinaux, premières variétés, plusieurs binomes dont le second terme est *anime* de *animus*: ex. magnanime, pusillanime, &c. dont la coupe léxique n'est pas pusillanime, magnanime; mais pusillanime, magnanime, &c. ni plusieurs autres, desquels on pourrait faire de fausses coupes.

la désinence marque la plénitude, comme vin*eux*, plein de *vin* ; por*eux*, plein de *pores* ; joy*eux*, plein de *joie* ; peur*eux*, plein de *peur*.

2°. Les réplétifs *indirects*, quand la base du mot ne représente que par un signe secondaire ou figuré, la qualité dont la désinence marque la plénitude, et cette sorte est aussi rare que la première est nombreuse. Exemple, boit*eux*, qui boite *beaucoup* ; cagn*eux*, qui a les genoux *évidemment* comme les articulations d'un *chien* ; gâch*eux*, qui *gâche* excessivement ; marmit*eux*, un homme qui ne songe qu'à la *marmite*, un meurt de faim, etc.

388. Les réplétifs se distinguent en quatre variétés :

1°. En *eux*, comme vin*eux*, aqu*eux*.

2°. En *ose*, comme mor*ose*, virtu*ose*.

3°. En *oux*, comme jal*oux* (zel*oso*).

4°. En *u*, comme charn*u*, chen*u*, de carn*osus*, can*osus* ; d'où par analogie, boss*u*, têt*u*, trap*u*, bourr*u*, etc.

389. Il ne faut pas confondre les réplétifs en *u* avec une variété équidésinente des *qualificatifs-passifs* ; exemple, atten-

d*u*, suspend*u*; ceux-ci sont à base verbale.

390. Les réplétifs ne forment pas un genre isolé de qualificatifs-augmentatifs ; il en est d'autres qui, sous différens points de vue, représentent cette manière d'être de la grandeur des qualités, tels que les *expansifs* en *ond* (115), les *onératifs* en *lent* (118) que l'on pourrait distribuer dans la même classe, si on ne voulait voir dans leur partie finale qu'une désinence au lieu d'un radical.

Des approximatifs.

391. S'il existe différentes manières de représenter les qualités en plus, on peut pareillement varier les signes de leurs diverses modifications en moins, par exemple, la désinence *aud*, *aut*, de *aldus* des Latins, dans la plupart de ses constructions, dont la base est connue, exprime comme qualité l'idée de ce significatif, mais comme qualité qui, croissante ou tendante à s'augmenter, n'est pas encore arrivée au terme auquel l'esprit la rapporte, d'où un genre de qualificatifs,

appelé *approximatifs*; tels sont rouge*aud*, un peu rouge, qui approche du rouge; pen*aud*, un peu *peiné*, etc.

392. Les approximatifs peu nombreux sont de trois sortes :

1°. Les *proprement dits*, ceux qui existent sous forme adjective, comme pal*aud*, fin*aud*.

2°. Les *substantifs personnels*, comme un beg*aud*, un grim*aud*.

3°. Les noms d'*objets* et qui se prennent en sens diminutifs, comme levr*aut*, quart*aut*.

393. On distingue deux variétés dans les approximatifs :

1°. En *aud* : exemple, nig*aud*, pat*aud*.

2°. En *aut* : exemple, sourd*aut*, salig*aut*.

394. Ce genre de construction est vulgaire, et n'est usité qu'en langage familier.

Des dégradatifs.

395. La désinence *aster* des Latins, *âtre* des Français, semble exprimer la qualité en moins sous un rapport opposé à celui qui caractérise dogmatiquement les

approximatifs ; car les mots en *âtre* marquent une diminution dans la qualité exprimée par le significatif, un éloignement, une *dégradation* de cette qualité, d'où ces postpositifs sont dits *dégradatifs*.

396. Les dégradatifs ne sont pas assez nombreux pour se sous-diviser en différentes sortes ; ils se rencontrent plus souvent dans la composition des signes de qualités physiques ; tels sont, *rougeâtre*, *verdâtre*, *jaunâtre*, dégradatifs de rouge, verd, jaune ; dépendant en sens moral on a *gentillâtre*, *marâtre*, *opiniâtre*, *acariâtre*, dégradatifs de *gentil*, pour gentilhomme, de *mère*, de *opinus*, (qui a une *opinion*), de (*acharis*), privé de graces, etc.

Des attributifs.

397. La désinence *alis* des Latins, *al*, *el* des Français, constituée avec un significatif nominal, forme un genre très-nombreux de qualificatifs, qui, pour la plupart, se sont conservés dans leur fonction adjective. L'emploi fréquent de cette construction en a généralisé la valeur ; qui, par-là

même, est devenue assez difficile à saisir; cependant par l'analyse soignée d'un grand nombre de postpositifs en *al* ou *el*, on les reconnaît, comme des adjectifs exprimant que les noms auxquels ils se rapportent sont doués d'une qualité appartenante à leur base, d'une qualité participante de sa nature, formant une de ses *attributions*, d'où ces mots en *al*, *el* ont été nommés *attributifs*.

398. Un attributif est donc un postpositif, qui, résultant de la construction d'une des variétés *al*, *el*, d'une seule et même désinence avec un nom, sert à représenter l'objet désigné par le mot auquel ce postpositif se rapporte, comme dépendant de celui exprimé par sa base, lui appartenant, participant de sa nature, partageant ses *attributions*.

399. Quelques exemples rendront cette définition plus sensible. Un homme brut*al*, est celui qui participe de la nature de la *brute*, par la rudesse de ses formes, un homme, dont un des attributs est une manière d'être de la *brute*. Une propriété patrimoni*ale*, est un bien appartenant au

patrimoine de quelqu'un littéralement parlant, un bien faisant partie d'un *avoir*, qui provient d'économie *paternelle*. Un être mor*tel* est un être qui, de sa nature, *appartient* à la *mort*, qui porte la *mort* avec lui, manière figurée de dire qu'il doit infailliblement *mourir*, ou *faire* mourir. L'éternel est celui qui, de sa nature, tient à *l'âge triple* (*œvum ternum*), à l'âge indéfini, qui n'appartient point à la mort, etc.

400. Les attributifs en *al* ou *el* sont de trois sortes :

1°. Les *adjectifs*, comme amic*al*, jovi*al*, origin*el*, accident*el*, etc.

2°. Les *substantifs-personnels*, qui le plus souvent se prennent en sens d'attribution d'ordre, de rang, comme génér*al*, colon*el*, capor*al*, etc.

3°. Ceux qui se prennent *substantivement*, comme noms de *choses* ou *objets*, presque toujours de *lieux* et quelquefois d'*instrumens* : tels sont hôpit*al*, lieu des hôtes, carrous*el*, lieu aux *chars*, etc.

401. Les attributifs sont de deux variétés :

1°. En *al*, comme journ*al*, ég*al*.

2°. En *el*, comme form*el*, part*iel*.

Tous les attributifs étaient anciennement en *al*, et on disait accident*al*, matér*ial*, pour accident*el*, matéri*el*, etc.

402. La lettre *l* de la première variété s'étant mouillée dans plusieurs cas, a donné lieu à deux sous-variétés, l'une en *al*, l'autre en *ail*. Tous les attributifs de cette seconde sous-variété étant masculins, sont de la troisième sorte, comme attir*ail*, gouvern*ail*, évent*ail*, port*ail*, etc. (1).

Des collectifs.

403. (1) La forme féminine *aille*, quoique n'étant qu'une modification de l'attributive *al*, représente une idée assez distincte pour servir de caractère à un genre particulier appelé *collectif*; car elle désigne un tout formé de plusieurs parties, ou plutôt de plusieurs autres touts de même nature, et cette collection, considérée sous deux points de vue différens, donne lieu à deux sortes de collectifs :

404. 1°. Les collectifs *dépréciatifs*, résultant de la construction de la désinence *aille* singulière, avec un significatif qui détermine la nature des objets formant une réunion mésestimée ou regardée comme de peu de valeur : ex. valet*aille*,

Des insessifs.

404. Il y a quelques Etymologistes qui prétendent que la désinence *cus, ca, cum,*

---

canaille, racaille, ferraille, gueusaille, collectifs dépréciatifs de *valet, chien, race, fer, gueux.*

405. La dépréciative *aille,* sous forme verbale *ailler,* caractérise un genre de verbes, dans les postpositifs du second degré, et qu'on appelle *dépréciatifs verbaux,* comme *rimailler, ferrailler.* Il y a plusieurs verbes que l'on fait passer sous forme dépréciative, dans le langage familier, quoique la construction intermédiaire soit hypothétique: tels sont *chantailler, disputailler, intrigailler, chamailler,* quoique *chantaille, disputaille, intrigaille, chamaille* ne soient pas des noms usités; parce que *ailler* se construit comme une désinence simple et caractéristique d'un genre de verbes secondaires.

406. Les collectifs *temporatifs* résultent de la construction de la désinence *ailles* ou *ales,* plurielle, avec un significatif verbal ou nominal, désignant une collection d'actions ou réunion de personnes à l'occasion d'un objet quelconque dans un temps déterminé ; d'où deux sous-sortes : 1°. les collectifs *actifs,* ceux à base verbale, comme *accordailles, épousailles, semailles, fiançailles,*

dont *icus* et *acus* ne sont que des variétés, tient à la racine de *colo*, *cultum*. Quelle que soit son origine, sa valeur, dans la plus grande partie de ses constructions, paraît être d'ajouter à celle de sa base, la signification de soutien, d'appui, de siège en fonction, de qualité déterminée par l'expression de cette même base, d'où les adjectifs qui en résultent sont dits *insessifs*, de *insessum*, *insidere*, *siéger sur*, etc.

---

temps ou époques auxquels on s'*accorde*, on s'é*pouse*, on *sème*, on *fiance*, &c. De cette sous-sorte dépendent *bataille*, *représaille*, &c. La seconde sous-sorte comprend les collectifs *énonciatifs*, ceux dont la base est un nom d'objet ou de personne, à l'occasion desquels on se réunit dans un temps donné, comme les *funérailles*, les *bachanales*, les *lupercales*, de *tempora*, ou *festa*, *funerolia*, *bacchanalia*, *lupercalia*, &c. Cette seconde sous-sorte est presque toute entière de la première variété.

407. Il ne faut pas confondre avec les attributifs en *al*, plusieurs mots équidésinens qui viennent du latin *allus*, *alla*, *allum*, tels que *cheval* de *caballus*, *crystal* de *crystallum*, &c. ni les diminutifs de la première section (318), avec les attributifs en *el*.

409. Un insessif est donc un postpositif résultant de la construction de la désinence *ique* ou *aque* pure ou altérée, avec un significatif dont la valeur est le fondement déterminé d'une qualité relative à l'objet au nom duquel le postpositif se rapporte : comme *systéme* numérique, systême qui *repose*, systême qui est *basé* sur les *nombres*; vertu platon*ique*, vertu dont celle de Platon est le *type* ou la *base* fondamentale.

410. Les insessifs sont de cinq *sortes* :

1°. Les *proprement dits*, ceux qui se prennent en sens adjectif, tels que harmo*nique*, élégi*aque*.

2°. Les *personnels*, ceux qui se prennent substantivement, comme qualification d'individus. Exemple, un fanat*ique*, un hérétique.

3°. Les *objectifs*, ceux qui se prennent substantivement et sous forme masculine ou féminine, comme noms de telles ou telles choses. Tels sont un panégyr*ique*, un iamb*ique*, pour un *discours* panégyrique, un *vers* iamb*ique*.

4°. Les *abstractifs*, ceux qui se prennent sous forme féminine seulement en fonction de noms de telle ou telle science, comme la phys*ique*, la log*ique*, pour la *science* physique, la *science* logique, etc.

411. Les insessifs sont de deux variétés :
1°. En *ique*, comme monarch*ique*.
2°. En *aque*, comme démoni*aque*.

La première variété comprend trois sous-variétés principales : 1°. en *ique*, exemple stomach*ique* : 2°. en *che* : ex. man*che*, plan*che*, de man*ica*, plan*ica*, etc. 3°. en *ge*, vola*ge*, sauva*ge*, gran*ge*, de vola*ticus*, sylva*ticus*, grán*ica*, etc.

La seconde variété se distingue aussi en deux sous-variétés : 1°. en *aque*; exemple, mani*aque* : 2°. en *ac*, d'où plusieurs noms de lieux et de personnes dans les dialectes du midi ; exemple, Cogn*ac*, Juvign*ac*, Armagn*ac*, etc.

412. Il ne faut pas confondre avec les insessifs, première variété, les déclinatifs en *fique* ou *dique* (*Voyez* les productifs (93) et les expressifs (87)); ni quelques insessifs de la troisième sous-variété de la première variété, avec un genre de noms

abstractifs verbaux en *age*. (*Voyez* les opératifs (616)) (1).

Des sinuatifs.

413. (1) La construction de la désinence *icus*, avec la terminaison verbale *are*, forme la double désinence *icare*, et devient un signe tout particulier, d'un certain mode de l'action exprimée par le significatif. Cette double désinence *icare* représente cette action sous le rapport de tortuosité, de sinuosité dans sa direction; et pour plus de clarté, si on peut se servir de cette expression, la marche de l'action en *zigzag*, soit au sens physique, soit au sens moral, d'où ce genre de verbe secondaire est appelé *sinuatif*.

414. Les sinuatifs français, les plus saillans et les plus nombreux, sont ceux en *cyer*, tels que tournoyer, foudroyer, soudoyer, coudoyer, sinuatifs de *tourner, foudrer, solder, couder*, dans le sens de moyen, agir du coude; et ainsi de beaucoup d'autres : côtoyer, bordoyer, chatoyer, nétoyer, guerroyer, &c.

415. Les variations de la désinence *icare*, dans ses transformations françaises, ont été indiquées dans les Thèses léxicographiques, comme l'exemple le plus composé des altérations divergentes et convergentes combinées. Il suffit de rappeler le résultat, pour déterminer les nombreuses variétés qui se font remarquer dans les sinuatifs.

Des exagératifs.

422. Les désinences *esque* et quelquefois *asque*, ne paroissent pas avoir d'ho-

---

416. D'après le tableau léxicographique des différens changemens de la désinence *icare*, on peut comprendre toutes les variétés des sinuatifs en cinq dérivations.

417. Il y aura dans la première dérivation deux variétés de sinuatifs :

1°. En *iquer* : exemple, métaphysiquer.
2°. En *icer* : exemple, policer.

La seconde dérivation comprendra six variétés ou sous-variétés du premier degré :

1°. En *quer* : exemple, renasquer.
2°. En *iguer* : exemple, naviguer.
3°. En *ier* : exemple, mendier.
4°. En *isser* : exemple, ratisser.
5°. En *iser* : exemple,
6°. En *cer* : exemple, froncer.

418. On remarque six variétés dans la troisième dérivation, ou six sous-variétés du deuxième degré :

1°. En *cher* : exemple, mâcher.
2°. En *guer* : exemple, narguer.
3°. En *iger* : exemple, voltiger.
4°. En *oyer* : exemple, rudoyer.
5°. En *oisser* : exemple, froisser.

mologues en latin, à moins qu'elles ne soient des altérations de *icus* et *acus*,

---

6°. En *oiser* : exemple, apprivoiser.

419. La quatrième dérivation ne présente que deux variétés ou deux sous-variétés du troisième degré :

1°. En *ger*, comme manger.

2°. En *ayer*, comme langayer.

420. Enfin, dans une cinquième dérivation, lorsque la désinence *ger* se trouve radicalement précédée d'un *n*; par une métathèse assez fréquente entre ces deux lettres, *ger* devenant *gner*, fournit une variété ou sous-variété du quatrième degré ; comme rogner, refrogner, de ronger, refronger, de *rodicare*, *refronticare*, etc.

Ce qui fait de connues, en résumant tous les différens états français de la désinence *icare*, dix-sept formes de sinuatifs, tant en variétés que sous-variétés du premier, deuxième, troisième ou quatrième degrés. Il en peut exister encore quelques autres qui nous aient échappé, et qu'on pourrait placer à leur degré.

421. Il ne faut pas confondre avec les sinuatifs *ier*, les verbes en *fier* (*voyez les productifs verbaux*, n°. 95), ni certains autres verbes avec les sinuatifs en *oyer*, en faisant une fausse coupe léxique, comme envoyer, tutoyer, qui ne sont pas envoyer, tutoyer, mais envoyer, tutoyer, etc. Il en est de

ce qui est léxiquement contestable, quoiqu'au premier coup-d'œil, on puisse regarder barbar*esque* et arab*esque*, comme homologues de barbar*icus*, arab*icus*. Sans chercher à pénétrer plus avant l'obscurité de l'origine de cette désinence, on la suppose à peu-près équivalente de *ique*, avec cette différence qu'elle paraît susceptible de caractériser un genre, parce que sa construction la plus ordinaire comprend l'idée d'*exagération*, d'où les *exagératifs*.

423. Il suffit, pour se faire une idée de ce genre, que l'on ne divise point en sortes, d'examiner la valeur des mots pédant*esque*, gigant*esque*, chevaler*esque*, roman*esque*, soldat*esque*, etc.

424. Les exagératifs se distinguent seulement en deux *variétés* :

---

même pour les verbes en *gner*, dans lesquels *gn* est en fonction radicale, comme dans répugner, et non pas répugner, de même que de la variété en *ier*, qu'il ne faut pas confondre avec un genre équidésinent. (*Voyez les effectifs*, n°. 452, etc.)

1°. En *esque*, comme grot*esque*.
2°. En *asque*, comme fant*asque*.

Des habitatifs.

425. La terminaison *nus*, *na*, *num*, est, d'après l'opinion de plus d'un Etymologiste, la forme adjective de la racine du verbe *nasci*, naître; d'où il résulte que les désinences *anus*, *ana*, *anum*; *inus*, *ina*, *inum*, ne sont que deux variétés d'une seule et même désinence; cependant elles présentent dans leurs constructions deux caractères assez marqués pour servir chacune de type à un genre particulier.

426. La désinence *anus*, *a*, *um*, semble exprimer plus spécialement les rapports de demeure, de domicile, d'*habitation*; et le genre qui résulte de sa construction avec un significatif, se nomme *habitatif*. Tels Pers*anus*, Persan; Afric*anus*, Africain; Itali*anus*, Italien, habitatifs de *Persa*, Perse; *Africa*, Afrique; *Italia*, Italie, etc.

427. L'idée d'habitation d'un lieu par plusieurs individus, s'allie naturellement à celle de réunion, de congrégation;

d'habitudes contractées en commun, d'où quatre sortes d'habitatifs.

1°. Les *proprement dits*, ceux qui représentent l'idée primitive de demeure ou domicile, comme Améric*ain*, Parmes*an*, Egypt*ien* (1).

2°. Les *congrégatifs*, ceux qui ne désignent plus que l'idée secondaire de réunion, de congrégation, tels que vétér*an*, charit*ain*, ~~hospitalier, paysan~~.

3°. Les *occupatifs*, quand l'idée du genre passe de la valeur de réunion, de corporation, à celle de fonction, d'*occupations* corrélatives, comme coméd*ien*, artis*an*, physic*ien*.

4°. Les *collectifs numéraux*, quand enfin l'idée de *réunion* ne représente qu'une collection d'unités de telle ou telle nature, déterminée par la valeur de la base numérale avec laquelle se construit la désinence habitative : tels un quat*rain*, une huit*aine*,

---

(1) La sorte des habitatifs *proprement dits*, peut se sous diviser en deux sous-sortes : 1°. les personnels, comme Rom*ain* : 2°. les locatifs, comme Vatic*an*, etc.

une quin*zaine*, une quaran*taine*, etc.

428. Les habitatifs se distinguent en trois variétés :

1°. En *an* : exemple, pays*an*, Musulm*an*.

2°. En *ain* : exemple, républic*ain*, hum*ain*.

3°. En *en* : exemple, Pruss*ien*, Chrét*ien*, etc.

Des exortifs.

429. La désinence *inus*, *a*, *um*, paraît être plus particulièrement le signe d'origine, d'issue, d'extraction, d'où le genre qu'elle caractérise se nomme *exortif*, de *exortum*, *exoriri*. L'idée de naissance et d'origine est assez analogue de celle de domicile, pour qu'il y ait une sorte d'exortifs équivalente des habitatifs ; et par la même chaîne de perceptions, pour que ce genre comprenne une sorte congrégative et une sorte occupative.

430. Mais les exortifs diffèrent génériquement des postpositifs du genre précédent, en ce qu'ils forment une sorte très-nombreuse, masculine ou féminine, de

noms de lieux, dans lesquels s'exercent des actions d'arts ou métiers, et que d'ailleurs, par la signification italienne de leur désinence ils fournissent une sorte considérable de diminutifs.

431. Les exortifs se diviseront donc en sept *sortes*.

1°. Les *proprement dits*, ceux qui, sous forme adjective ou même substantive, représentent une qualité de déduction, d'extraction de l'objet représenté par le significatif du mot, comme argent*in*, aquil*in*, etc.

2°. Les *extractifs*, ceux dans lesquels l'idée du genre se prend en sens d'origine d'extraction d'un lieu ou d'un pays, comme Girond*in*, Périgourd*in*, Angev*in*, etc.

3°. Les *congrégatifs*, ceux qui rapportent leur réunion à un chef ou à un lieu qui a déterminé le rassemblement, comme Bernard*in*, Théat*in*,

4°. Les *occupatifs*, ceux marquant une fonction dérivant de la valeur du significatif, comme médec*in*, pèler*in*.

5°. Les *locatifs*, ceux qui désignent des

noms de lieux, renfermant des objets, ou dans lesquels se passent des actions, comme moulin, magasin, cuisine, usine, etc.

6°. Les *diminutifs*, ceux qui se prennent à l'italienne, pour la représentation d'objets plus petits que ceux dont le nom sert de base à la désinence, comme gradin, casetin, etc.

7°. Il existe une septième sorte nombreuse de diminutifs en sens appellatif, moins vulgaire que toutes les autres diminutives appellatives, comme Victorine, Clémentine, Alexandrine, Adeline, etc.

432. On distingue deux variétés d'exortifs :

1°. Ceux dans lesquels la caractéristique est pure, comme aquilin, blondin.

2°. Ceux dans lesquels le *i* de la désinence s'est altéré par syncope seule ou suivie d'autres altérations du significatif, comme alterne, de alternus, pour alterinus.

Des régionatifs.

433. La désinence *ensis, ensis, ense* des Latins, a été connue et distinguée par les Latinistes, des deux désinences *anus, inus*,

ou même de la désinence plus générale, *nus*. On a reconnu qu'elle désignait particulièrement l'origine, la naissance, le domicile relativement au territoire, à la contrée déterminée par le significatif représentant le chef-lieu, et alors l'originaire de Paris, se disait Paris*inus*, l'originaire ou l'habitant du Mans, Cenom*anus*; tandis que celui qui n'était que du territoire dépendant du *Mans* ou de *Paris* était qualifié par la dénomination Cenom*ensis* ou Parisi*ensis* : c'est pourquoi les mots en *ensis* doivent s'appeler *régionatifs*.

434. L'homologue française de la désinence *ensis* est *ois*, et sa variété *ais*, d'où les régionatifs dans cette dernière langue se divisent en trois sortes :

1°. Les *proprement dits* qui sont *personnels* ou *locatifs*, comme Dan*ois*, Holland*ais*, Blés*ois*, Gâtin*ois*.

2°. Les *figurés*, ceux qui s'emploient indifféremment pour les habitatifs de lieux et non pas de pays, comme bour*geois*, Marseill*ois*. C'est par la même métonymie que l'exortif Ange*vin*, se dit pour le régionatif Andegav*ensis*, parce qu'on n'a pas pris *Angevois*, etc.

3°. Les *éloignés*, ceux dans lesquels le rapport désinentiel est très-indirect, ou dont l'analogie étymologique s'est perdue, comme *sournois*, pour sourdinois, surdin*ensis*, min*ois*, pat*ois*, pav*ois*, etc. (1).

436. On distingue deux variétés dans les régionatifs.

1°. Ceux en *ois* : exemple, village*ois*.

2°. Ceux en *ais* : exemple, Franç*ais*.

Cette seconde variété n'est qu'une altération de la première, datant de la Révolution, qui a occasionné la métagramme euphonique et presque générale de la diphthongue *oi* en *ai*.

437. On n'a conservé en *ois* que les régionatifs, dont les rapports sont les moins

---

435. (1) Il est possible que la désinence *ois* (408) dans ses constructions *éloignées*, ne soit pas une traduction de la régionative *ensis*, mais une forme identique de cette désinence, et de l'insessive *icus*; car *icus* peut devenir *ois*: exemple, turonicus, tournois. Dans ce cas, cette sorte éloignée de régionatifs pourroit bien n'être qu'une variété d'*insessifs*.

fréquens, tels que Chinois, Danois; on se sert indifféremment de la première et seconde variétés, pour les dénominations des peuples desquels on est moins isolé, comme Hongrois ou Hongrais, Ecossais ou Ecossois ; mais les rapports directs ou multipliés, ont banni l'usage de la première variété : exemple, Anglais et non Anglois, Hollandais et non Hollandois ; on en a une preuve dans Marseillois, qui se disait plus fréquemment que Marseillais, avant la Révolution, tandis qu'aujourd'hui l'inverse a lieu (1).

Des insertifs.

438. (1) Il y a trop de rapport entre les qualificatifs des trois genres précédens et le nom qui reste à traiter avant que de passer à l'explication des noms abstraits, pour qu'on ne puisse pas le placer en note à la suite des signes *d'habitation*, de *lieux*, etc. Ce nom consiste dans la construction de la désinence latine *etum*, avec un nom de végétal ; exprimant un lieu rempli des plants déterminés par la valeur du significatifs comme spin*etum*, lieu planté d'*épines* ; pom*etum*, lieu planté de *pomiers* ; viburn*etum*, lieu planté de *viornes*, etc. d'où ce genre de nom se nomme *insertif*, de *insertum*, insérer, planter, etc.

439. La désinence française homologue de *etum* est *aye*, et fut primitivement *et*, d'où till*et*, lieu planté de tilleuls, bosqu*et*, qui peut être l'*insertif* et non le diminutif de *bosc*, bois (bus*cetum* ou bosqu*etto*); mais il n'y a plus guère d'insertifs indubitables en français, que ceux en *aie*: exemple, chén*aie*, lieu planté de *chênes*; pomer*aie*, de *pomiers*; pruner*aie*, de *pruniers*; roser*aie*, de *rosiers*; houss*aie*, de *houx*; sauss*aie*, de *saules*, etc.

440. On peut diviser les insertifs en deux sortes:

1°. Les *primitifs*, ceux qui se prennent en sens propre de lieux plantés de tels ou tels végétaux, comme ceriser*aie*, plant de cerisiers, etc.

2°. Les *secondaires*, ceux qui se sont ultérieurement donnés à des villes, bourgs, ou à des personnes, comme Boulai, Launai, Vibrais, d'Aulnoi, etc.

441. Dans ces différentes hypothèses on peut distinguer cinq variétés d'insertifs:

1°. En *aye* ou *aie*, comme oser*aie*.
2°. En *oi*, comme d'Auln*oi*.
3°. En *ais*, comme Vibr*ais*.
4°. En *ai*, comme sauss*ai*.
5°. En *et*, comme till*et*.

N

III.ᵉ CLASSE.

Des constructions verbales.

442. Les différentes valeurs des verbes résultantes de leurs différens modes de construction par conjugaison, forment autant de genres de cette classe, que l'on peut diviser en deux sous-classes, l'une comprenant les verbes *premiers*, et l'autre les verbes secondaires.

PREMIÈRE SOUS-CLASSE.

Des verbes premiers.

443. Les verbes premiers appartiennent aux constructions des terminaisons *er*, *ir*, *oir*, *re*, ou de leurs homologues latines avec un radical qui, isolément considéré, n'est en fonction d'aucune partie du discours dans l'une ou l'autre langue. Tels sont frapp*er*, aim*er*, sent*ir*, dorm*ir*, mouv*oir*, concev*oir*, nu*ire*, fa*ire*, etc. parce que *frapp*, *aim*, *sent*, *dorm*, *mouv*, *concev*, ne peuvent s'ordonner comme parties d'oraison.

444. Il est d'observation que tous ou presque tous les verbes en *oir* et en *re*, sont *premiers*. La distribution de ces verbes premiers tient à celle des racines que l'on devrait présenter dans un tableau dogmatique, en raison de ce que les idées de ces racines se déduisent les unes des autres, et alors on en formerait des genres différens.

II ͤ SOUS-CLASSE.

Des verbes secondaires.

445. Les verbes secondaires n'existent que dans les conjugaisons en *er* et en *ir*, et leurs homologues latines; ils résultent de la construction d'une partie du discours avec l'une ou l'autre de ces deux terminaisons; d'où il faut conclure que les mots qui leur servent de base ont préexisté à ces verbes, et que ceux-ci n'en sont que des dérivés, comme égal*er*, blanch*ir*, scandal*iser*, jet*er*, formés sur les mots *égal*, *blanche*, *scandale*, *jet*, etc.

446. Les verbes secondaires, beaucoup plus nombreux que les verbes primitifs, expriment constamment des *actions*, ce

qui avait fait croire aux anciens Grammairiens, que l'*action* était l'essence du verbe.

447. Une idée d'action se compose toujours de celles de ses circonstances :

1°. De la cause ou du moteur (*quis*).

2°. De l'action en elle-même, de l'objet qui lui sert de base (*quid*).

3°. Du lieu où l'action se fait (*ubi*).

4°. Des moyens dont on se sert pour l'exécuter (*quibus auxiliis*).

5°. Du motif ou de la raison déterminante (*cur*).

6°. De la manière ou du mode d'exécution (*quo modo*).

7°. Du temps dans lequel existe cette action (*quando*).

Circonstances représentées par ce vers *technique*,

Quis, quid, ubi, quibus auxiliis, cur, quomodo, quando.

Traduit ainsi en français :

Qui, que, où, de quels moyens, pourquoi, comment et quand.

Ces notions suffisent pour saisir les caractères distinctifs des différens genres de verbes secondaires.

Des verbes secondaires proprement dits.

448. Un verbe secondaire *proprement dit*, est un mot qui, résultant de la construction immédiate d'une des terminaisons *er* ou *ir* avec une toute autre partie d'oraison qu'un verbe, représente une action sous le rapport d'une de ses circonstances exprimée par le significatif.

449. Les verbes secondaires *proprement dits*, seront donc de sept sortes, selon que leur base sera le signe de la cause, de l'objet, du lieu, du moyen, du motif, de la

que la *bouche* est le signe de la capacité dans laquelle se fait l'action, d'où *boucher* pour obstruer la *bouche*, et plus généralement obstruer une ouverture quelconque.

450. Les verbes secondaires proprement dits, sont de deux variétés :

La première très-nombreuse en *er*, comme *jeûner*, *donner*.

La seconde peu fréquente en *ir*, comme *jaunir*, *tiédir*, etc.

451. Le mot résultant de la construction immédiate de *are* ou *er* avec un autre mot, se dit le *verbal* de celui-ci; et se dit le *verbal*, deuxième conjugaison, quand c'est *ire*, *ir*, au lieu de *are*, *er*, qui fait l'objet de la construction : exemple, l'aditif verbal de *faim* est *affamer*, celui de *front*, *affronter*, le disitif verbal de *fama*, est en français, *diffamer*, l'aditif verbal, deuxième conjugaison de *néant*, est *anéantir*, le désitif verbal, deuxième conjugaison de *fin*, est *définir*.

Des effectifs.

452. La terminaison *are*, *er*, se construit souvent avec des noms ou des qualificatifs par l'intermédiaire de la syllabe *iz* en latin, *is* en français ; d'où résulte la désinence *izare*, *iser*, comme dans thesaur*izare*, thésor*iser*, anathemat*izare*, anathémat*iser*, etc.

453. Cette désinence *izare*, *iser*, paraît exprimer dans le plus grand nombre de ses constructions, un effet produit sur un objet mis dans l'état désigné par le significatif, ou rendu doué de la qualité représentée par ce même significatif, comme scandal*iser*, mettre en état de *scandale*, fertil*iser*, rendre *fertile*. En définissant ce genre de verbe secondaire, on peut dire que,

454. Un effectif est un verbe secondaire résultant de la construction de la désinence *izare*, *iser*, avec un nom ou un adjectif, et qui représente une action *faite* sur un objet mis dans un état, ou rendu doué d'une qualité, exprimés par le significatif.

455. Les effectifs sont de deux *sortes* :

La première comprend les verbes en *iser* à base nominale, désignant l'état dans lequel est mis un objet quelconque de l'action, comme caracté*riser*, pulvé*riser*, mettre en état de caractère, de distribution, mettre en état de poudre, etc.

La seconde sorte comprend ceux à base qualificative, comme sécula*riser*, popula*riser*, rendre *séculier*, rendre *populaire*, etc.

Des inceptifs.

456. La terminaison *ere* des Latins se construit souvent avec des significatifs verbaux par l'intermédiaire de la syllabe *asc*, *esc*, *isc*, *osc*, et le plus souvent *esc*, d'où résulte la désinence *ascere*, *iscere*, *escere*, en français *escer*, *cir*, *ouir*, *oître* ou *aître*. Les anciens Grammairiens ont remarqué la propriété des verbes en *ascere*, qui est d'exprimer l'action sous son rapport de commencement, et quelquefois de continuation, d'où les uns ont nommé ce genre *incohatif*, et d'autres *inceptif*, *albere*, être blanc, *albescere*, commencer et continuer à devenir blanc,

calere, avoir chaud, *calescere*, commencer et continuer d'avoir *chaud*.

457. Un inceptif est donc un verbe résultant de la construction de la désinence latine *escere, ascere, iscere, oscere*, française *escer, cir, ouir, oître, aître*, avec le significatif d'un autre verbe dont il exprime l'état ou l'action sous le rapport de commencement et quelquefois de continuation.

458. Les inceptifs latins sont de quatre variétés et les français de cinq :

1°. En *escer*, comme acqui*escer*.
2°. En *cir*, comme dur*cir*.
3°. En *ouir*, comme évan*ouir*.
4°. En *oître*, comme cr*oître*.
5°. En *aître*, comme par*aître*, etc.

Des consécutifs.

459. Il existe un grand nombre de verbes, sur le supin desquels on construit un genre de verbes secondaires que l'on a confondus avec les fréquentatifs. Tous ces verbes paraissent essentiellement exprimer des actions dérivantes de celles représentées par le verbe qui leur sert de base ; des ac-

tions secondaires et *conséquentes* d'autres actions rendues par les significatifs, et ces verbes sont dits *consécutifs*. Par exemple, *vovere*, vouer, supin *votum*, d'où *votare*, voter. On ne *vote* qu'en *conséquence* d'un vœu formé. *Videre*, *voir*; supin, *visum*; d'où *visere*, viser; on ne *vise* que ce qu'on a vu. *Tangere*, *toucher*; supin *tactum*, d'où *tactare*, tâter; on ne *tâte* qu'en *conséquence* du toucher, etc. On peut donc définir ainsi ce genre de verbes secondaires.

460. Un consécutif est un verbe secondaire, résultant de la construction immédiate de la terminaison *er* avec le supin d'un autre verbe, et qui représente une action conséquente à celle désignée par le significatif.

461. Les consécutifs français n'exprimant que les idées des mots qui leur servent de base, sont ceux dont les verbes significatifs ne sont pas d'usage : par exemple, *jicere*, *inspicere*, n'ayant point été traduits, ont été remplacés par leurs consécutifs *jeter*, *inspecter*.

Des fréquentatifs.

462. Le consécutif de *ire*, aller, est *itare*, signifiant action seconde d'aller, action d'aller et d'aller ; il s'est pris spécialement en sens de fréquentation, et s'est dit uniquement pour aller et venir, aller souvent. D'où en fonction de désinence, ce verbe *itare* est devenu le caractère d'un genre très-usité en latin, et qu'on a nommé *fréquentatif*. Ces verbes sont peu nombreux en français, tels sont a*giter* de agir ; palp*iter* de *palper* ; vis*iter* de *viser* ; us*iter* de *user*, etc.

463. On pourrait à la rigueur regarder les fréquentatifs comme appartenant aux déclinatifs verbaux, si *itare* est pris comme radical ; de même qu'au contraire on peut placer les *coactifs* dans la classe des verbes secondaires, si on ne voit dans *urire* qu'une simple désinence. Voyez les *coactifs* (121).

464. On pourrait encore multiplier les genres des verbes secondaires, en y comprenant ceux en *oyer*, comme tourn*oyer*, foudr*oyer* ; ceux en *ailler*, comme rim*ail-*

ler, ferrailler; en *iller*, comme pétiller, frétiller; en *oter*, buvoter, tapoter; en *asser*, comme bavasser, etc. Mais il a été plus naturel de traiter successivement chacun de ces verbes comme des dérivés construits avec les désinences qui les rendent postpositifs du deuxième degré.

IV°. CLASSE.

Des qualificatifs verbaux.

465. Cette classe comprend tous les qualificatifs pris adjectivement ou substantivement, dont les bases sont des significatifs verbaux. En suivant chaque genre de cette classe par ordre ou similitudes de désinences, il s'en trouve d'étrangers à cette collection qui, par l'identité de leurs formes, pourraient se confondre avec ces qualificatifs verbaux. Pour obvier à cet inconvénient, il faut traiter en même temps les constructions différentes qui peuvent appartenir à d'autres classes, sauf à les distribuer ensuite dans leurs catégories respectives. Nous en développerons la théorie en notes placées en forme d'appendice à la fin de la classe, à mesure que leur caractéristique se trouvera identique ou semblable de celle d'un qualificatif verbal. Nous sommes typographiquement forcés de suivre cette marche dans cette

classe, à cause du trop grand nombre de notes dont elle est surchargée.

Des énonciatifs verbaux.

466. Pour se faire une idée exacte de ce genre, il faut se rappeler que les Grammairiens considèrent les qualités sous trois points de vue généraux. Sous forme d'action produite, sous forme d'action soufferte, et sous forme d'existence seulement, abstraction faite de toute idée de cause ou d'effet; d'où les qualificatifs sont *actifs*, *passifs*, ou *énonciatifs*. Blanchiss*ant* est une manière d'être de l'action d'un corps considéré comme cause; blanch*i*, une manière d'être passive, comme effet produit, et *blanc*, une manière d'être, abstraction faite de la cause ou de l'effet qui peuvent y être attribués. Ainsi *blanc*, *jaune*, *grand*, *long*, sont des énonciatifs, tels que tous les adjectifs qui ne sont ni actifs, ni passifs.

467. On distingue de cette masse considérable de qualificatifs énonciatifs, ceux dont la base est un verbe, et dont la valeur est celle d'une action dégagée de toute idée

de cause ou d'effet : on nomme ceux-ci *énonciatifs verbaux*.

468. Ce genre de qualificatifs n'est point distinct en latin de celui connu sous la dénomination de *participe passé*. Mais il en diffère en français dans la plupart des cas. *Confusus* dans la première langue est pour *confus* et *confondu*, dans la seconde; *tortus*, pour *tors* et *tordu* ; *completus*, pour *complet* et *complété* ; *incarnatus*, pour *incarnat* et *incarné*, etc.

469. Un énonciatif verbal est donc un qualificatif de cette classe, qui, traduit par apocope du supin pur ou altéré, réel ou hypothétique d'un verbe, représente l'idée de ce verbe comme qualité, abstraction faite de celle de cause ou d'effet.

470. Ce genre très-nombreux se divise en quatre sortes :

1°. Les énonciatifs verbaux *proprement dits*, tous ceux qui existent sous forme adjective, comme *médiat*, *obtus*, etc.

2°. Tous ceux qui se prennent en sens de noms personnels, comme *soldat*, *conscrit*.

3°. Tous ceux qui se prennent en sens

de nom d'objet quelconque, comme *grenat, abcès*.

4°. Tous ceux qui s'emploient pour signes de l'*acte* en lui-même, comme noms traits, tels que *succès, progrès, attentat, assassinat*.

471. Ces sortes sont tellement analogues, que beaucoup d'énonciatifs sont de plusieurs à la fois : par exemple, *sujet* est de la première, de la seconde et de la troisième ; dans le premier cas, comme manière d'être habituellement ; dans le second, comme un terme de politique ou de médecine, et dans le troisième, comme un terme dogmatique.

472. On distingue les énonciatifs verbaux en deux variétés.

Dans la première sont tous les dérivés du supin de la première conjugaison.

Dans la seconde, ceux des supins de toutes les autres.

La première variété, celle des supins en *atum*, se sous-divise en deux sous-variétés : 1°. par apocope complète en *at*, comme *immédiat, délicat* : 2°. par apocope incomplète et métagramme euphonique de *t* en *d*, d'où *ade*, de *atus*, comme mal*ade*, camar*ade*.

473. Les quatre sortes d'énonciatifs se trouvent dans chacune de ces variétés et sous-variétés ; incarn*at* et mal*ade*, le sont de la première ; magistr*at* et cama*rade*, de la seconde ; duc*at* et colonn*ade*, de la troisième ; attent*at* et ru*ade*, de la quatrième.

474. Mais il faut remarquer que les abstractifs de la sous-variété en *ade*, ont un caractère particulier, celui d'exprimer l'action sous son rapport d'accélération de mouvement, de précipitation au propre ou au figuré, d'où on appelle cette sorte, dans ce cas, *précipitative*. Ce caractère est assez marqué pour faire un genre particulier de noms *abstraits*, duquel sont, accol*ade*, roul*ade*, bout*ade*, cavalc*ade*, croup*ade*, etc. (*Première note*, pag. 246.)

Des qualificatifs passifs.

479. Ce genre de mot se construit en latin d'une manière uniforme et générale ; il résulte de l'union de la terminaison *us*, *a*, *um*, au significatif supin du verbe

dont il dérive. *Amo*, amat*um*, d'où amat*us*, *a*, *um*. *Doceo*, doct*um*, d'où doct*us*, *a*, *um*. *Lego*, lect*um*, d'où lect*us*, *a*, *um*. *Audio*, audit*um*, d'où audit*us*, *a*, *um*.

480. Ce genre de qualificatifs latins n'a point d'analogue en français; il représente de plus que la qualité passive, l'idée du temps passé dans lequel elle a existé. De manière que *amatus* ne signifie pas *aimé*, mais *ayant été aimé*, c'est-à-dire *aimé* dans un temps qui n'est plus. Ces participes sont donc essentiellement passifs, et *passés* en latin; c'est pourquoi on doit les appeler, dans cette langue, des *passifs passés*, et les traduire littéralement en français par la locution *ayant été*, suivie du participe homologue : exemple, *sum amatus*, se dit littéralement *je suis*, ayant été *aimé*.

481. Il y a des cas dans lesquels les *passifs passés* se prennent au contraire en sens *actif*, mais toujours *passé*. C'est lorsque le verbe dont ils dérivent, quoique formellement passif, est d'usage comme actif. Cette sorte de verbes est appelée par les Grammairiens *déponent* : exemple,

admiror, n'équivalant pas à *je suis admiré*, mais à *j'admire ; sum admiratus* ne signifie pas je suis, *ayant été admiré*, mais bien je suis, *ayant admiré*.

482. Nos premières Grammaires ont été modelées, sans examen, sur les Grammaires latines ; elles sont devenues des copies les unes des autres, et on a dit les *participes passés*, *aimé*, *enseigné*, etc. parce que leurs homologues latins expriment un temps *passé* ; mais c'est une erreur : ces participes ne représentent aucune idée de *passé*, la valeur du temps ne porte que sur la forme du verbe qui les précède ; ces mots s'emploient en tout temps, et on dit également *aimé*, *enseigné*, dans je suis *aimé*, j'ai été *aimé*, je serai *aimé* ; je suis *enseigné*, j'ai été *enseigné*, je serai *enseigné*. Les qualificatifs de ce genre doivent donc s'appeler en français purement et simplement des *qualificatifs passifs*.

483. Il y a aussi en français des cas où les qualificatifs passifs se prennent en sens *actif* et *passé*, alors ils sont indéclinables, c'est-à-dire que dans cette circonstance ils

ne varient pas de la forme masculine singulière : exemple, j'ai *aimé*, signifie *j'ai*, la qualité, la manière d'être de celui qui n'exerce plus l'action d'*aimer*. La véritable valeur du mot *aimé* dans ce cas est, quelles que soient les analyses qu'on en veuille faire, un mot représentant une qualité active qui n'est plus.

484. Déterminer les cas dans lesquels le qualificatif passif devient ou ne devient pas, quant à sa signification, *actif passé*, et quant à sa forme, *indéclinable*, est le problême *de la règle des participes* (1).

485. Quant à leur signification, ces qualificatifs passifs sont un genre d'adjectifs verbaux, qui représentent comme effets

―――――――――――――――――

(1) Nous avons cru comprendre dans une seule règle tous les cas de déclinabilité du *participe* avec le verbe *avoir*, et d'indéclinabilité avec le verbe *être*; mais d'après les observations du citoyen Serreau, et la lecture de sa Grammaire raisonnée, nous avons reconnu quelques cas d'exception. Nous croyons pouvoir les faire disparoître par une nouvelle rédaction de la règle que nous exposerons dans nos leçons de grammaire, auxquelles elle appartient directement.

résultant d'une action, une qualité déterminée par la valeur de leur significatif.

486. On divise ce genre comme le précédent, en cinq sortes :

1°. Les *proprement dits*, ceux qui existent sous forme adjective, comme *rimé*, *tendu*, *puni*, etc.

2°. Ceux qui se prennent en sens de nom personnel, comme un *débauché*, un *pendu*, un *étourdi*, etc.

3°. Ceux qui se prennent en sens de nom d'objet, comme un *pâté*, un *échaudé*, un *revenu*, etc.

4°. Les *abstractifs*, ceux qui se prennent substantivement, comme signes de l'action en elle-même ou en résultat : tels sont un *procédé*, un *décidé*, un *dévolu*, etc.

5°. Les *indéclinables* ou passifs *activés*, ceux qui, ne suivant pas les variations de genre et de nombre, se prennent en sens d'action faite dans un temps qui n'est plus : exemple, j'ai *aimé*, c'est-à-dire, j'ai, ou je suis doué d'une manière d'être, celle d'avoir aimé. Elle s'est *fait* battre, elle est, *ayant fait* battre soi.

487. Il y a plusieurs qualificatifs passifs

qui sont de plus d'une sorte à la fois, et il n'en est point en français qui n'ait dans cette langue le verbe dont il émane, suivant des règles de construction déterminées, d'après les loix générales de la Léxicographie.

488. D'après ces règles de construction, on distingue les qualificatifs passifs en quatre variétés :

La première, la plus nombreuse en *é*, de tous les verbes en *er*, comme chant*é*, prêt*é*.

La seconde en *i*, de la plupart des verbes en *ir*, comme fin*i*, endorm*i*.

La troisième en *u*, de la plupart des verbes en *oir*, et d'une partie de ceux en *re*, comme conç*u*, m*û*, tend*u*, batt*u*.

La quatrième est sans terminaison ; elle se trouve dans la plupart des verbes en *re*, et s'est formée des supins latins, par une apocope accompagnée d'une ou plusieurs autres altérations, comme *mis*, de miss*um*; *pris*, de prehens*um*; *fait*, de fact*um*; *dit*, de dict*um*, etc.

489. Cette quatrième variété de qualificatifs passifs rentre dans la formation de

ceux du premier genre, et peut se prendre à volonté en sens passif ou énonciatif; on y peut considérer deux sous-variétés, l'une terminée en *s* : exemple, pri*s*, assi*s*; l'autre en *t*, extrai*t*, écri*t*, et qui, au masculin, est une forme identique de la troisième personne singulière de l'*indicatif* présent : exemple, il *fait*, il est *fait*; il *dit*, il est *dit*, etc.

490. Il faut remarquer que les *passifs* de la quatrième sorte dans la première variété féminine, c'est-à-dire les abstractifs en *ée*, paraissent exprimer de plus que ceux de la même sorte et de la même variété masculine, l'idée d'une certaine série d'instans pendant lesquels se fait l'action, et sous ce point de vue cette sorte peut s'appeler *successive* ; ainsi la dur*ée*, une tourn*ée*, une couch*ée*, une pouss*ée*, sont les abstractifs *successifs* de durer, tourner, coucher, pousser. (*Deuxième note*, page 249.)

Des actifs présens.

501. S'il n'y a pas de qualificatif passif qui n'ait le verbe dont il dérive, il n'est

pas de verbe non plus qui n'ait son qualificatif *actif présent*, connu sous la dénomination de *participe actif, participe présent*.

502. Un actif présent est un qualificatif verbal qui, par la construction constante de la désinence *ant* avec le significatif des premières personnes plurielles impératives, exprime sous le rapport de cause, la manière d'être *active présentement*, et désignée par la valeur du verbe qui lui sert de base.

503. Il y a plusieurs cas dans lesquels ce qualificatif est indéclinable quant à sa forme; et alors quant à sa signification, il n'est qu'une expression adverbiale de l'idée du verbe dont il dérive, en fonction de manière d'une autre action représentée par un autre verbe. Dans cette circonstance *l'actif présent* est nommé *gérondif* (1) par les Grammairiens : exemple,

---

(1) De *gerundus* pour *gerendus*, *devant être géré*, *devant être régi*, parce que la forme gérondive est en fonction grammaticale de phrase incidente, de phrase subordonnée.

j'ai vu un Charpentier *tremblant* de peur en *montant* sur une maison. Dans cette phrase, *tremblant* est actif présent *proprement dit*, et *montant* est *gérondif*.

504. Les *gérondifs* se distinguent des *participes présens*, en ce qu'ils sont toujours, ou que sans changer le sens de la phrase, ils peuvent toujours être précédés de l'adverbe *en*. On discerne encore le *gérondif* du participe, en ce que l'on peut substituer à l'un le *verbe*, précédé de *lorsque*, et à l'autre, précédé de *qui, vu que, parce que*, etc.

505. De plus amples développemens sont du ressort de la Grammaire, et le sujet n'en appartient à la Léxicologie que par l'*indéclinabilité* du mot dont le genre se divise d'ailleurs, comme les précédens, en cinq sortes :

1°. Les actifs présens, proprement dits, existant sous forme adjective, comme *aimant, lisant*, etc.

2°. Ceux qui se prennent en sens de nom personnel, comme un *traitant*, un *correspondant*.

3°. Ceux qui se prennent en sens de nom

d'objet, comme un *montant*, un *pendant*, etc.

4°. Les *abstractifs*, ceux qui, sous forme de nom, ne désignent que l'action en elle-même, comme présente ou comme résultat présent, tels que un *penchant*, etc.

5°. Les *gérondifs*, ceux qui, ne suivant pas les variations de genre et de nombre, se prennent adverbialement en sens d'action subordonnée.

Des énonciatifs présens.

506. Il existe en français un genre particulier de qualificatifs verbaux et qui manque aux Latins ; ce genre diffère du précédent, en ce qu'il n'exprime pas l'idée de la qualité présente sous forme d'action, mais sous celle d'existence, d'énonciation : c'est pour cela qu'on les appelle *énonciatifs présens*, pour les distinguer de ceux du premier genre de cette classe.

507. Les *énonciatifs présens* diffèrent, quant à leur forme, des *actifs présens*, en ce qu'ils sont des traductions immédiates des actifs présens latins, et que les actifs présens français sont formés sur les signi-

ficatifs des verbes de la langue à laquelle ils appartiennent : exemple, recev*ant* est un actif présent fait sur recev*ons*, et récipient, un énonciatif présent traduit de recipi*entis*, recipi*ens* ; lis*ant*, est un actif présent fait sur le significatif de lis*ons*; et intellig*ent*, un énonciatif présent traduit de intellig*entis*, intellig*ent*. C'est ainsi que am*ant*, sav*ant* sont des énonciatifs présens, dont les actifs correspondans sont aim*ant* et sach*ant*, etc.

508. Quand le même significatif existe en français sous forme *active* et sous forme *énonciative* présentes, la désinence est toujours *ant* dans le premier cas, et *ent* dans le second ; tels sont néglige*ant*, de négligeons ; néglig*ent*, de negligentis ; différ*ant* de différons, et différ*ent*, de differentis. Il y a des hommes qui sont *négligens* dans leurs propres affaires; tout en ne *négligeant* pas celles des autres. En ne *différant* pas de principes, on peut quelquefois avoir des opinions *différentes*.

509. Les énonciatifs présens se divisent en trois sortes :

1°. Les *proprement dits*, ceux qui existent sous forme adjective, comme *convalescent*, *effervescent*.

2°. Ceux qui se prennent en sens de nom personnel, comme un *amant*, un *négligent*.

3°. Ceux qui se prennent en sens de nom d'objet, comme un *récipient*, un *excipient*, etc.

510. Il y a deux variétés d'énonciatifs présens, en *ent* et en *ant*.

1°. La plus nombreuse en *ent*, comme *Occident*, *Orient* (1).

2°. En *ant*, comme *constant*, *instant*, etc. (*Troisième note*, pag. 251.)

Des actifs futuritifs.

512. Tous les Grammairiens ont consigné ce genre de qualificatif verbal dans les rudimens, comme une forme du verbe dont il dérive, sous le nom de *participe actif futur*. Il exprime en effet l'idée de

---

(1) Il ne faut pas confondre avec les énonciatifs de la première variété, les adjectifs en *lent*, qui appartiennent dans les constructions radicales déclinatives aux *onératifs*, comme *succulent*, *virulent*, et non pas *succulent*, *virnlent* (118).

sa base, comme qualité active à l'avenir, amat*urus*, *qui doit aimer un jour ;* lect*urus*, *devant lire*, etc.

513. Il n'est pas de verbe latin doué d'un supin, avec le significatif duquel ne se construise la désinence *urus, ura, urum*, pour exprimer l'idée de ce significatif, comme qualité active à l'avenir.

514. Ce genre, si nombreux en latin, n'offre pas un seul exemple en français, si ce n'est dans le mot *futur*, de *futurus*, pour *fuiturus*, de l'hypothétique *fuitum*, du verbe *fuit ;* encore ce mot n'a-t-il plus aucune valeur active, à moins qu'il ne soit une altération de *fugiturus*, de même que *fuit* en serait une de *fugit*. (*Quatrième note*, **page 252.**)

Des passifs futuritifs.

518. Ce sixième genre est aussi généralement répandu en latin que le précédent ; il est connu comme un des quatre participes sous le nom de *participe passif futur ;* sa signification consiste à exprimer comme devant être soufferte à l'avenir, la qualité représentée par le significatif impératif du

verbe qui lui sert de base dans sa construction avec la désinence *andus, a, um*, pour la première conjugaison, et *endus, a, um*, dans les trois autres.

519. Il existe trois cas dans lesquels les passifs futuritifs peuvent se prendre en sens actif, le *génitif*, l'*ablatif* et l'*accusatif;* alors, au lieu de se traduire par la locution, *devant être objet de telle ou telle action*, ils se traduisent par celle *devant faire telle ou telle action;* dans ce changement de fonction, le qualificatif devient indéclinable et se nomme *gérondif*, d'où les gérondifs en *di, do, dum*.

Par exemple, *adolescentia est tempus linguarum studendarum* se traduit : L'adolescence est le temps des langues *devant être étudiées*; mais *adolescentia est tempus studendi*, doit se traduire gérondivement, et à la lettre : L'adolescence est le temps *de devoir étudier;* ad panes *manducandos*, aux pains *devant être mangés;* ad *manducandum* panes, pour *devant manger* les pains ; in votis *offerendis*, en vœux *devant être offerts ;* in *offerendo* vota, en *devant offrir* les vœux, etc.

520. Tout passif futuritif, sous forme génitive, ablative ou accusative, est en latin en fonction de gérondif, toutes les fois qu'il se trouve dans une phrase sans qu'il y ait un nom dont il soit l'adjectif, c'est-à-dire, avec lequel il s'accorde en *genre*, en *nombre* et en *cas*.

521. Cette règle, dont les applications sont aussi fréquentes qu'utiles dans les traductions littérales de latin en français, fait disparaître l'obscurité de toutes celles qu'on a imaginées sur ce point; elle est fondée sur l'hypothèse qu'un mot peut se prendre de son sens usuel dans un autre opposé : cette hypothèse est irrécusable; il en existe un exemple absolument semblable dans la règle des participes passifs, pris activement et indéclinablement avec le verbe *avoir*; et si on refuse qu'il y ait un participe passif, changé de valeur dans les mots indéclinables avec le verbe *avoir*, on ne pourra nier au moins que nos infinitifs n'aient pas véritablement une valeur active ou passive; car quand on dit d'un homme qu'il n'est bon *qu'à manger*, on dit qu'il n'est bon que *devant manger*,

tandis qu'un fruit bon *à manger*, est un fruit bon *à être mangé*.

522. Les ablatifs *causâ* et *gratiâ*, qui, dit-on, accompagnent le gérondif en *di*, sont censés précédés de la préposition *pro*, et leur valeur littérale est *pour cause*, *pour grace*. Manducare *causâ* vivendi, manger pour *cause* de devoir vivre ; vivere *gratiâ* philosophandi, vivre pour *grace* de devoir philosopher, etc. Par ces versions littérales seules, on peut connaître l'idiotisme de la langue que l'on traduit : nous traiterons avec détail cette thèse importante dans notre Cours de Grammaire.

523. Les passifs futuritifs, très-nombreux en latin, sont rares en français, et n'y existent que par traduction ; ils s'y divisent en trois sortes :

1°. Les *proprement dits*, ceux qui existent comme adjectifs, tel que *révérend*.

2°. Ceux qui sont d'usage comme noms personnels, tel que *révérend*, lui-même *ordinand*.

3°. Ceux qui comprennent les noms

de choses, comme *multiplicande*, *légende*, etc.

524. Les passifs futuritifs sont de deux variétés :

1°. En *and* ou *ande*, comme ordin*and*, offr*ande*, guirl*ande*.

2°. Ceux en *end*, *en de*, comme révé*rend*, divid*ende*, etc.

Des assuéfactifs.

525. La désinence *or*, *oris* des Latins, *eur* des Français, *our* dans quelques dialectes, est, dans ses constructions verbales, le caractère d'un septième genre, qui n'existe ~~point~~ sous forme adjective dans l'une ni dans l'autre langue. Sa valeur est essentiellement active ; mais sous le simple rapport d'*habitude* dans laquelle on est d'exercer l'action désignée par le verbe, d'où ce genre est dit *assuéfactifs*, du latin *assuefacere* (*accoutumer*).

526. Un assuéfactif est donc un qualificatif verbal qui, résultant de la construction de la désinence *eur*, avec un significatif supin, du latin, ou impératif, première personne plurielle en français ; ex-

prime, sous le rapport d'*habitude*, l'exercice de l'action déterminée par la base du mot, comme saut*eur*, qui a l'habitude de *sauter*; joueur, qui a l'habitude de *jouer*.

527. Les assuéfactifs sont de trois sortes :

1°. Les *proprement dits*, ceux dans lesquels la coutume d'exercer l'action est considérée comme une habitude, en général : tels sont cour*eur*, mang*eur*.

2°. Les *occupatifs*, quand l'habitude est considérée comme fonction, métier, exercice, occupation, etc. : tels sont les mots grav*eur*, agricult*eur*, sculpt*eur*, etc.

3°. Les *objectifs*, quand par métaphore ces noms sont devenus des signes de choses, comme numérateur, curseur, moteur, etc.

528. Les assuéfactifs sont de deux variétés :

La première à base supin, comme act*eur*, direct*eur*.

La deuxième à base impérative, comme entrepren*eur*, buv*eur*, etc.

529. Les assuéfactifs de la première variété représentent, en général, des habitudes moins communes, plus distinguées que les assuéfactifs de la seconde; parce

que les uns ont été faits par les Lettrés, et les autres sont le produit de l'analogie saisie par la multitude : tels sont, pour le premier cas, curs*eur*, provis*eur*, direct*eur*, fact*eur*, réct*eur*, etc.; pour le second, cour*eur*, pourvoy*eur*, dress*eur*, fais*eur*, régiss*eur*, etc. dans leurs sortes respectives.

530. Dans quelques départemens la désinence *eur* est *our*, son ancienne forme, d'où il reste encore quelques mots, comme troubad*our*, ventad*our*, etc. On pourrait admettre des sous-variétés, mais ces formes sont trop peu nombreuses pour être ordonnées léxiquement. Il y a d'ailleurs quelques assuéfactifs tellement altérés, qu'ils ne sont plus reconnaissables ; tels sont pein*tre*, chan*tre*, homologues de pict*oris*, cant*oris*, etc.

531. Les noms qualificatifs en *or*, *eur*, à base verbale, n'ont aucun rapport avec les noms abstraits en *or*, *eur*, à base radicale ou nominale ; les uns, grammaticalement parlant, sont masculins en français, les autres sont féminins, à quelques-uns près. Les premiers expriment une qualité relativement à son sujet, une qualité con-

crête; les autres une qualité hors de tout sujet, conçue sans aucune espèce de rapport, une qualité *abstraite.* Du genre de ceux-ci sont terr*eur*, fray*eur*, roug*eur*, coul*eur*, fav*eur*, etc. ; du genre de ceux-là sont trait*eur*, fond*eur*, brass*eur*, couvr*eur*, etc. Ces deux genres sont trop faciles à distinguer, pour ne les pas traiter chacun dans leur classe. *Voyez,* pour les noms abstraits en *eur,* le n°. 602 de la cinquième classe.

On ne peut pas plus confondre, avec les uns ou les autres de ces deux genres, les comparatifs traités dans la deuxième classe, n°. 369. (*Cinquième note*, page 253).

Des actifs apparatifs.

540. La désinence *orius, oria, orium,* paraît composée de l'assuéfactive *or,* jointe avec la terminaison *ius, ia, ium,* si cette dernière même n'est pas une altération de la désinence *icus, ica, icum.* Dans cette hypothèse les adjectifs en *orius, oria, orium,* en français *oire,* auraient été faits sur les assuéfactifs, et seraient des constructions désinencielles du deuxième de-

gré ; mais dans ce cas leur valeur ne présente rien de relatif à leur composition léxique, il faut donc les considérer comme appartenant aux postpositifs du premier degré, pour pouvoir déterminer une formule qui les comprenne tous.

541. D'abord tous les adjectifs verbaux en *orius*, toujours en *oire*, et non en *oir*, en français, constamment formés sur des significatifs supins, expriment une qualité active sous le rapport des *moyens*, des *formes*, en un mot, de *tout* ce qui peut concourir efficacement au but de l'action déterminée par la valeur de la base du qualificatif.

542. Ce huitième genre, appelé *actif apparatif*, est très-usité en terme de *pratique* ou de *jurisprudence*, parce que les qualités actives y sont le plus souvent considérées sous le rapport des *moyens*, des *formes* propres à conduire au but qu'on s'y propose dans les actions : tels sont les mots *conservatoire*, acte *obligatoire*, *collusoire*, *déclinatoire*, etc.

543. Par l'analogie des idées de *moyens* et de *formes*, avec celles d'instrumens et

de lieux propres aux actions, les *apparatifs actifs* se divisent en quatre sortes :

Dans la première sont les *proprement dits*, ceux qui existent sous leur première forme, c'est-à-dire comme adjectifs, tels que *préparatoire, illusoire*.

La deuxième comprend les qualificatifs de ce genre, pris substantivement comme noms de *lieux*, tels que *observatoire, oratoire*.

La troisième renferme ceux pris substantivement comme noms d'instrumens, tels sont *élévatoire, écritoire*.

La quatrième, enfin, est abstractive ; parce que les mots qui en dépendent sont des signes de l'action elle-même, sous le rapport caractéristique du genre, comme *monitoire, offertoire*, etc. (*Sixième note,* page 256.)

Des actifs facultatifs.

551. Les adjectifs en *ivus, iva, ivum, if, ive,* construits sur des significatifs supins, sont les plus nombreux, après ceux qu'on appelle vulgairement *participes*; ils expriment la qualité active sous le rap-

port du *pouvoir*, de la *faculté* qu'on a d'exercer l'action désignée par la base du mot : tels sont les mots *exécutif*, qui a la faculté d'*exécuter*, *législatif*, qui a la faculté de *porter des loix*, etc.

552. C'est par un effet du caractère de ce genre, qu'il est très-usité en terme de *médecine*, et qu'on dit un *palliatif*, remède qui a la faculté de *pallier*; *curatif*, de *guérir*; *lénitif*, d'adoucir; *corroboratif*, de *corroborer*, etc.

553. Par la même raison, ce genre a fourni à la Grammaire une très-grande quantité de termes techniques, de mots ayant la faculté de marquer tel ou tel rapport grammatical, *indicatif*, qui a la faculté de marquer *l'indication*; *optatif*, le *souhait*, etc. et c'est par la même analogie que la nomenclature du système de Léxicologie dont ces Thèses sont un exposé, est formée d'expressions de ce genre de désinence.

554. De la faculté d'agir à l'*agir*, l'analogie est naturelle, quoiqu'elle ne soit nécessaire que dans le rapport inverse; aussi il y a peu d'actifs facultatifs qui se prennent en sens d'*exercice*, même d'action présente,

tels que *attentif*, *actif*, etc. Il y en a quelques-uns qui, par abus, sont passifs, tels que *portatif*, *captif* ; mais ils sont si rares qu'ils ne peuvent s'opposer à la coordination active facultative d'un des genres verbaux qui, sous ce rapport, est un des plus nombreux.

555. Ce genre se divise en deux sortes :

1°. Les *proprement dits*, quand les mots existent adjectivement, comme *démonstratif*, *délibératif*, etc.

2°. Ceux qui se prennent substantivement, comme noms de choses, tels que un *correctif*, un *substantif*, etc.

Des passifs facultatifs.

556. La désinence *abilis*, et sa variété *ibilis*, paraissent être un composé dont *ilis* est un élément ; mais analysant ces parties finales, il faudra comprendre dans un même genre les mots en *abilis*, *ibilis*, et *ilis*, comme am*abilis*, intellig*ibilis*, fa*cilis* ; aim*able*, intellig*ible*, fa*cile* : c'est ce qui paraît très-difficile, pour ne pas dire impossible, au lieu qu'on peut formuler, dans un même genre, les mots en

abilis, *ibilis*; *able*, *ible*, et dans un autre, ceux en *ilis*, *ile*, immédiatement construits sur un significatif verbal.

557. Il est d'observation que tous les adjectifs en *able* ou *ible*, à base verbale, expriment une qualité déterminée par la valeur de leur base, et considérée sous le rapport de la faculté de pouvoir ou devoir être éprouvée, d'où ce dixième genre est appelé *passif facultatif*, comme *aimable*, qui doit *être aimé*; *visible*, qui peut *être vu*, etc.

558. Les Grammairiens ont confondu les passifs *futuritifs* avec les passifs *facultatifs*, parce que les premiers se prennent quelquefois dans le sens des seconds; mais il faut établir leur détermination absolue par la valeur des qualificatifs de ces deux genres, ayant la même base, comme multipli*cande*, divi*dende*; qui est à *multiplier*, qui est à *diviser*; multipli*able*, divi*sible*, qui peut être *multiplié* ou *divisé*.

559. Les passifs facultatifs sont de deux sortes :

1°. Ceux qui marquent la faculté en ce

qui *doit* être, les facultatifs de *droit*, tels sont *aimable*, *blâmable*.

2°. Ceux qui marquent la faculté en ce qui *peut* être, les facultatifs de *fait*, tels sont *mangeable*, *lisible*.

566. Les passifs facultatifs sont de deux variétés :

La première en *able*, construite sur des significatifs impératifs, comme buv*able*, fais*able*.

La seconde en *ible*, construite avec des significatifs *supins*, ou avec des significatifs *impératifs* français ou latins, d'où deux sous-variétés : la première, plus nombreuse, à base de supin, comme *vi*sible, *compréhen*sible; et la deuxième à base impérative, comme *intelli*gible, *li*sible, etc.

561. Il n'y a qu'un très-petit nombre de mots de ce genre qui se prennent en sens actif : tels que *capable*, et son initif; *nuisible*; *sensible*, au sens moral, etc.

552. On ne peut pas regarder, comme des exceptions de ce genre, trois à quatre qualificatifs, tels que *charitable*, *équitable*, *véritable*; parce que leur significatif n'est

pas verbal, et qu'ils ont pour base les noms *charité*, *équité*, *vérité*.

Des dispositifs.

563. La désinence *ilis* en latin, *ile* en français, construite immédiatement, et le plus souvent avec des radicaux verbaux ou des significatifs supins, représente, par le résultat de sa construction, des qualités qui ne sont point essentiellement actives ou passives, ce qui ne peut fournir qu'un moyen de division, et non de détermination de ce genre.

564. Les qualificatifs, pour la plupart verbaux, en *ilis* ou en *ile*, actifs ou passifs, représentent la qualité désignée par le significatif sous le rapport d'absence de tout empêchement ou obstacle qui pourraient s'opposer à l'action ; en un mot, sous le rapport de *disposition*, à ce que cette action soit faite ou soufferte. C'est pourquoi on appelle ces qualificatifs des *dispositifs* : exemple, ag*ile*, disposé à *agir* ; reptile, à *ramper* ; versatile, à *verser*, à *changer*, etc.

565. Il suffit de comparer des passifs fa-

cultatifs avec des dispositifs de même base pour saisir la différence de ces deux genres, que les Étymologistes ont eu tort de confondre : exemple, *faisable* et *facile* ; *frangible* et *fragile* ; *mouvable*, *mobile* ; *touchable*, *tactile*, etc.

566. Les dispositifs sont de quatre sortes :

1°. Les *actifs*, quand sous forme active ils se prennent dans ce sens d'action, comme *agile*, *reptile*, *utile*.

2°. Les *passifs*, quand au contraire leur valeur est celle d'action à souffrir, comme *nubile*, *docile*, *tactile*.

3°. Ceux pris substantivement, comme noms d'instrument, tels que *outil*, *fusil*.

4°. Ceux pris substantivement, comme noms de lieux, tels que *Menil*. On peut comprendre dans cette sorte plusieurs noms de lieux en *il*, à base nominale, et propres à renfermer les objets désignés par le significatif, tels sont *Chenil*, *Souil*, *Fournil*, etc. Les homologues de ces mots sont assez nombreux en latin pour former un genre particulier : exemple, *avile*, *bovile* : étable aux *brebis*, étable aux *bœufs*, etc.

567. On distingue deux variétés de dispo-

sitifs, la première en *ile* et la seconde en *il*.

La première variété comprend deux sous-variétés : 1°. quand la désinence est pure, comme dans foss*ile*, lab*ile* : 2°. quand elle est altérée par la syncope de *i*, comme dans grê*le*, pour grac*ile*; frê*le*, frag*ile*, qui existe encore sous cette forme; hum*ble*, no*ble*, pour hum*ile*, nob*ile*, etc.

La seconde variété renferme pareillement deux sous-variétés, l'une à base radicale ou nominale, comme *menil*, *avril* *chenil*, *fournil*; l'autre à base de supin, comme *volatil*, etc.

Des adhésifs.

568. La désinence latine *ax*, française *ace*, quelquefois *ox*, *oce*, construite avec des radicaux verbaux, exprime la qualité désignée par le significatif comme essentiellement active, et sous le rapport de forte résistance à tout obstacle ou opposition, d'où le genre verbal qui en résulte a été nommé *adhésif*.

569. Les adhésifs sont plus nombreux en latin qu'en français : exemple, *rapace*, qui tient fortement à la qualité de *ravir*;

tenace, qui tient à toute épreuve ; *vivace*, qui tient fortement à la *vie*, etc.

570. Le caractère distinctif des adhésifs est très-marqué dans leur comparaison avec les dispositifs : exemple, *fugace*, que rien ne peut empêcher de fuir ; et *futile* pour *fugitile*, qu'un rien fait *fuir*.

571. On pourrait distinguer les adhésifs en deux variétés :

1°. En *ax*, *ace*, comme vivax, vivace.

2°. En *ox*, *oce*, comme atrox, atroce. Cette variété se divisant en deux sous-variétés : en *oce* et en *ouche*, comme dans féroce et farouche, qui, selon quelques étymologistes, sont deux altérations divergentes de *ferox*, *ferocis*. (*Septième note*, page 258.)

Des manifestatifs.

577. La désinence *idus*, *ide*, selon quelques étymologistes, est un dérivé du pronom *id*, *cela* ; d'après l'opinion de quelques autres, l'origine de cette partie finale remonte jusqu'à une racine celtique ou orientale, et qui, signifiant *main*, est le moyen le plus direct de peindre la *démons-*

tration. Au milieu de ces différentes opinions léxiques on s'accorde dogmatiquement sur la valeur de cette désinence, qu'on peut, dans toute hypothèse, appeler *manifestative*. Le plus grand nombre de ses constructions est à base verbale, d'où un treizième genre de cette classe de qualificatifs.

578. Un *manifestatif* est un adjectif verbal formé par la construction de la désinence *idus*, *ida*, *idum*, avec un radical représentant, comme qualité active ou passive, et sous le rapport d'*évidence* ou *manifestation*, l'idée déterminée par la base de cet adjectif.

579. Les manifestatifs sont de deux sortes :

Dans la première ils renferment une idée d'action, comme *avide*, *rapide*, *lucide* : qui desire avoir, qui entraîne, qui éclaire évidemment.

Dans la deuxième sorte ils ne représentent qu'une idée d'état manifeste, comme *timide*, *liquide*, *fétide*, etc.

580. Les manifestatifs sont de deux variétés :

La première pure en *ide*, comme tor-*ride*, flu*ide*, val*ide*, etc.

La seconde peut se distinguer en deux sous-variétés : 1°. les manifestatifs résultant d'une traduction par apocope incomplète : 2°. ceux résultant d'une traduction par apocope complète, dans l'un et l'autre cas, accompagnée d'une ou plusieurs autres altérations : tels sont, pour le premier, roid*é*, tiè*de*, sa*de*, de rig*idus*, te-p*idus*, sap*idus*; pour le second, froi*d*, chau*d*, lai*d*, de frig*idus*, cal*idus*, liv*idus*.

581. Il y a plusieurs exemples de manifestatifs des deux variétés, formés sur une même base, comme rig*ide* et roi*de*; sap*ide* et sa*de* (vieux mot dont il reste l'improbatif *maussade*); liv*ide* et lai*d*, etc.

582. Il ne faut pas confondre avec les manifestatifs les mots en *cide*, formant un genre de construction radicale. *Voyez* les *destructifs* (84). Les mots en *oïde* du grec, comme sphér*oïde*, ov*oïde*, qui n'ont aucun rapport avec les qualificatifs verbaux terminés de la même manière. *Voyez* les *configuratifs* (105). Il faut distinguer pareillement de ces mêmes mots les patro-

nymiques grecs en *ide*, comme Alcide, Pélide, etc.

Des actifs displicitifs.

583. La désinence *ard*, si fréquemment construite dans la formation des noms individuels, paraît avoir primitivement désigné quelque exercice, fonction ou métier quelconque, et pourrait par-là remonter à la source de la racine *ar*, d'où *arare*, *ars*, *artis*, et d'où la désinence *aire*, ainsi que *ier*, sa variété (586).

584. Il ne s'agit ici que de la construction de cette désinence avec le significatif impératif d'un verbe, et, sous ce rapport, elle sert à former l'avant-dernier genre de cette classe, à laquelle on rapporte les treize précédens. La valeur de ce genre est l'habitude de l'action, et l'exercice même de l'action déterminée par le significatif, prise toujours en mauvaise part, comme qualité qui *déplaît* totalement eu égard à ceux dans lesquels on la remarque, d'où ces qualificatifs sont dits *actifs displicitifs*, de *displicere* (déplaire tout-à-fait): tels sont cri*ard*, braill*ard*, gueul*ard*, etc.

585. Ce genre est nombreux en termes vulgaires, et il y en a plusieurs à base hypothétique, comme bav*ard*, cou*ard*, mign*ard*, cagn*ard*, etc.

586. Dans tout autre cas que celui d'une construction verbale, cette désinence perd sa valeur displicitive : ex. vieill*ard*; elle la perd de même dans la confection des noms d'objets, de lieux, et forme deux sortes assez nombreuses, comme bill*ard*, plac*ard*, boulev*ard*, puis*ard*, etc. remp*art*, branc*ard*, etc. mots qu'on peut rapporter aux sortes correspondantes de ceux en *aire* et *ier*, faisant parties du genre suivant.

Des exercitifs.

587. Les désinences *aire*, *ier*, homologues des variétés *arius*, *aris* des Latins, sont probablement des modifications de la racine *ar*, à laquelle quelques Étymologistes rapportent la caractéristique du genre précédent. Les bases de leurs constructions sont nominales ou verbales; d'où le genre qui en résulte pourrait se rapporter à la deuxième comme à la qua-

trième classe, si la valeur n'en était essentiellement active ; en effet, ce genre marque un emploi, une fonction, un *exercice* en forme de qualité, c'est ce qui l'a fait appeler *exercitif*.

588. Un exercitif est donc un postpositif à base verbale ou nominale, avec laquelle s'est construite une des variétés *aire*, *ier*, quelquefois *ard*, marquant, comme qualité, l'idée d'une fonction, d'un état, d'un emploi ou d'un *exercice*.

589. Les exercitifs sont de quatre sortes dans chacune des deux variétés *aire* et *ier*.

1°. Les *adjectifs*, comme consul*aire*, prélimin*aire*, coutum*ier*, famil*ier*.

2°. Les *substantifs personnels*, comme action*naire*, propriét*aire*, charpent*ier*, cuisin*ier*.

3°. Les *substantifs*, comme noms d'instrumens, de moyens. Les *objectifs*, tels que un brév*iaire*, un scapul*aire*, un esca*lier*, une sal*ière*.

4°. Les *substantifs*, comme noms de *lieux*. Les *locatifs*, un sémin*aire*, un gren*ier*, etc.

590. Les variétés *ier* et *aire* paraissent

présenter une nuance dogmatique dans la modification de leurs valeurs respectives. L'une semble plus que l'autre avoir rapport à des fonctions ou à des exercices d'une habitude plus prononcée, d'une répétition plus constante, d'une activité plus suivie, et par conséquent se rapprocher plus particulièrement des usages de la multitude, et s'employer plus fréquemment dans son langage, l'une et l'autre formant d'ailleurs plus de substantifs que d'adjectifs.

591. Une première différence marquée entre les désinences *aire* et *ier*, c'est que celle-ci, construite avec des significatifs verbaux, exprime un produit de l'art, qui, au moral, est toujours pris en mauvaise part, d'où une cinquième sorte d'exercitifs displicitifs dans cette variété seulement, et qui ne diffèrent guère que par la forme des actifs displicitifs ; de cette sorte sont tracass*ier*, tripot*ier*, minaud*ier*, etc.

592. Une seconde différence entre la désinence *aire* et la désinence *ier*, est marquée par la construction de cette dernière avec des noms de fruits pour désigner l'arbre qui les produit dans *l'exercice* de ses fonc-

tions *végétatives*, d'où une sixième sorte de ce genre exclusivement en *ier*, comme poir*ier*, pomm*ier*, prun*ier*, pêch*er* (1) qui sont des exercitifs *végétatifs* de *poire*, *pomme*, *prune*, *pêche*.

594. En distinguant les exercitifs en trois variétés, 1°. en *aire*, 2°. en *ier*, 3°. en *ard*, on ne comprendra, pour cette troisième variété, que ceux à base nominale appartenant aux troisième et quatrième sortes, selon qu'ils expriment des noms d'objets, d'instrumens ou des noms de lieux.

---

(1) 593. Il est d'observation générale que le *e* de *ier* se démouille dans toutes les constructions de cette variété avec des significatifs terminés par une palato-basio-linguale, et qu'on dit un bou*cher*, un clo*cher*, un horlo*ger*, un boulan*ger*, au lieu de bouch*ier*, cloch*ier*, horlog*ier*, boulang*ier*, mots qui se disoient autrefois. Il est même constant que le *e* de *ier* se démouille dans toutes les constructions des exercitifs avec d'autres désinences, quelle que soit la finale de leur significatif. Exemple : riv*ière*, river*ain*, charpent*ier*, charpent*erie*, &c. (Thèses léxicographiques, n°. 29.)

NOTES.

(Ire note.) *Des munératifs.*

475. Il ne faut pas confondre avec les énonciatifs en *at*, un genre de noms qui, ayant la même terminaison, ont d'autres noms pour significatifs, avec lesquels se construit *at* en fonction de désinence, tels que consul*at*, élector*at*. Ces constructions se nomment, en formule générique, des *munératifs*.

476. Un munératif est donc un mot résultant de la construction de la désinence *atus, atûs* en latin, *at* en français, avec la forme génitive d'un nom, exprimant l'idée d'un emploi, d'une fonction déterminée par la valeur du significatif, comme sena-*tus*, sén*at*, pontific*atus*, pontific*at*, etc.

477. Les munératifs sont de deux sortes :

1°. Les *proprement dits*, ou les noms de fonction, comme patriarch*at*, commissari*at*.

2°. Les *feudatifs*, ou les noms des lieux dans lesquels s'exerce l'action, comme comtat, marquis*at*; encore ce dernier est-il en même temps des deux sortes.

Des patronymiques.

478. Il ne faut pas pareillement confondre, avec les énonciatifs en *ade*, une assez grande quantité de noms grecs, qui sont patronymiques pour la plupart, tels que *Enéades* et *Nayades*, etc. et tous ceux qui ont été faits par cette analogie, parce que, dans ce système de Léxicologie, on ne coordonne des mots grecs que ceux qui se trouvent coïncider avec les mots latins, ou qui sont d'un usage très-fréquent et familier, etc.

(IIe note.)

491. L'idée de quantité dans le temps, a pu s'associer à celle de quantité dans l'espace, à celle de *grandeur continue*; et la terminaison *ée*, comme signe de l'une dans le premier cas, a pu devenir celui de l'autre dans le second, si l'analogie n'a pas suivi la marche inverse; dans toute hypothèse, il ne faut pas confondre les noms en *ée* à base verbale, avec ceux en *ée* à base nominale.

Des extensifs.

492. Ces noms en *ée*, à base nominale, sont très-nombreux en français, sur-tout dans le langage populaire, où, dans ce cas, la métonymie de l'emploi du signe du contenant pour celui du contenu, n'est pas en usage. Ils forment un genre appelé *extensif*, qu'on peut définir ainsi : Un *extensif* est un nom abstrait, qui, par la construction de la désinence *ée* avec un autre nom, exprime une quantité déterminée ou désignée par la valeur du significatif.

493. Les extensifs sont de deux sortes :

1°. Les *mensuratifs*, ceux dans lesquels le significatif est un nom de *mesure* qui détermine la quantité représentée par l'extensif, comme *bouchée*, *poignée*, quantité déterminée par la *bouche*, le *poing*, etc.

2°. Les *immensuratifs*, ceux dans lesquels le significatif est un nom de matière désignant seulement la quantité exprimée par l'extensif, comme une *vinée*, une *vachée*, une quantité indéfinie de *vin*, de *vaches*, etc.

494. C'est par métaphore qu'une *année*,

une *journée*, etc. sont des quantités de temps déterminées par l'*an* et le *jour*, et que, pour cela, on revient sur les travaux de *l'année* et non de *l'an*; on paye à l'ouvrier sa *journée* et non son *jour*, etc.

Des munératifs feudatifs en é.

495. S'il faut distinguer des énonciatifs en *at*, les munératifs ou les noms en *at* à base nominale, il ne faut pas plus confondre avec les passifs en *é* plusieurs autres *noms*, équidésinens par l'effet commun de la transformation de *atus* en *é*, et qui sont construits sur des noms de fonctionnaires comme les munératifs. Ces mots sont du même genre, et n'en présentent qu'une variété; mais cette variété désigne spécialement le territoire, le lieu dans lequel s'exercent les droits de la fonction déterminée par le significatif, au lieu que la première exprime plus la fonction en elle-même, que la contrée dans laquelle elle s'exerce; telle est la différence de doyenné avec décanat; de archidiacon*e* avec archidiacon*at*; de évêch*é* avec épiscop*at*, etc.

Des compositifs.

496. La désinence *eus*, *ea*, *eum*, des Latins, devient, en se francisant, identique de la traduction de *atus*, *ata*, *atum*, et forme un genre nombreux, qui n'a aucun rapport avec les qualificatifs passifs. Ces mots représentent un objet comme composé de la matière désignée par la base de leur désinence, d'où ils se nomment *compositifs*. Ex. aur*eus*, fait d'or; plumb*eus*, fait de plomb, etc.; et au figuré, momentan*eus*, instantan*eus*, momentané, instantané, fait d'un *moment*, fait d'un *instant*, etc.

Des assimilatifs.

497. Cette désinence *eus*, *ea*, *eum*, paraît avoir concouru à la formation de la désinence composée *aceus*, *acea*, *aceum*, avec laquelle elle n'a pas conservé de rapport dogmatique. Celle-ci s'est traduite en français par *acé*, *acée*, que l'on peut, sans inconvénient, traiter comme une désinence simple, et de la construction de laquelle il résulte un genre de mots appelés *assimilatifs*.

498. Un assimilatif est un adjectif qui, par la construction de la désinence *aceus*, *acé*, avec un nom, exprime, comme qualité, un rapport de ressemblance avec l'objet considéré comme type, et représenté par le significatif : tels sont chicor*acé* qui ressemble à la *chicorée*, ros*acé*, à la *rose*, etc.

499. Ce genre de mots est d'un usage assez fréquent en histoire naturelle, et sur-tout en botanique, dans le système de Tournefort.

500. Il est encore plusieurs mots en *é* ou *ée*, venant du grec, ou dont l'analyse étant inconnue, ne peuvent se coordonner avec aucun des genres ci-dessus formulés.

(III.e note.) *Des décuplatifs*.

511. La partie finale *aginta* des Latins, qu'on remarque dans plusieurs noms de nombre, devenue en français *ante*, *ente*, dans les mots homologues, n'a aucun rapport avec la forme identique des actifs ou énonciatifs présens féminins. Elle est, sous ce premier point de vue, le caractère d'un genre nommé *décuplatif*, parce que

la valeur du mot qui sert de base à la désinence, est décuplée dans cette construction. Exemple : tr*ente*, trois *dix fois* ; quar*ante*, quatre *dix fois* ; sept*ante*, sept *dix fois*, etc.

(IVe note.) *Des résultatifs.*

515. Si la désinence *urus*, *ura*, *urum*, comme qualificative, ne produit rien en français, il n'en est pas ainsi de la forme féminine *ura*, *ure*, qui, construite avec le même significatif, en latin comme en fançais, est dans cette dernière langue avec le significatif impératif, première personne plurielle, en fonction de nom abstrait. Cette construction exprime l'action d'une manière abstraite, eu égard spécialement à son *résultat*, d'où ces noms abstraits sont dits *résultatifs*.

516. Les résultatifs sont de trois sortes :

1°. Les *proprement dits*, comme *structure*, *culture*.

2°. Les *occupatifs*, quand l'idée du résultat se prend en sens de l'art ou de la fonction qui en émane, comme *agriculture*, *sculpture*.

3°. Les *objectifs*, quand, par métonymie, le nom se donne à l'effet ou objet *résultant* de l'action, comme une *gravure*, une *bordure*, etc.

517. Les résultatifs sont de deux variétés ;

L'une à base de supin, comme écri*ture*, arma*ture* ;

L'autre à base impérative, comme bro*chure*, rogn*ure*.

(V⁰ note.) *De la féminisation des qualificatifs en* eur.

532. Plusieurs Grammairiens ont dit qu'il n'y avait rien de plus bizarre que la formation du féminin des noms en *eur* ; les uns, disent-ils, ont leur féminin en *euse*, les autres en *ice*, ceux-ci en *eure*, ceux-là en *esse*. L'usage seul peut faire connaître ces différentes formations féminines.

533. Il n'y a que les assuéfactifs à base impérative, qui prennent la forme féminine en *euse*, et tous ceux de la première variété ne se féminisent que sur le signifi-

catif supin terminé par un *T*, et avec lequel se construit la terminaison *rix*, *ricis*, en latin ; *rice*, en français. Exemple du premier cas : saut*eur*, saut*euse* ; jou*eur*, jou*euse* ; conservat*eur*, conservat*rice* ; lect*eur*, lect*rice*, etc.

534. D'après cette proposition et celle du n° 528, il résulte que les assuéfactifs féminins en *euse*, expriment des idées d'habitudes moins distinguées que les assuéfactifs féminins en *rice* : exemple, chant*euse* ; cantat*rice*.

535. Les comparatifs sont les seuls mots en *eur* dont le féminin soit en *eure* : exemple, antérieur, antérieure, supérieur, supérieure. Cette règle est frappante dans mineur, qui, au féminin comme assuéfactif, fait min*euse*, et comme comparatif, min*eure*.

Des titulatifs.

536. Quant aux noms féminins en *esse*, ils n'appartiennent pas plus aux mots en *eur* qu'à d'autres, puisque le masculin de ces noms, dans plusieurs cas, n'a aucun rapport avec les assuéfactifs. Si on dit dé-

fendeur, defendresse, bailleur, bailleresse, on dit pareillement *dieu*, déesse, *prince*, princesse, *diacre*, diaconesse, etc. Ces *noms* en *esse*, correspondans de ceux en *issa*, des Latins, forment donc un genre particulier, qu'on peut appeler *titulatif*, comme représentant spécialement un *titre*, une dignité exercée par une femme.

537. Les titulatifs se font bien remarquer dans le féminin de *chasseur*, qui, comme signe d'habitude, se dit chass*euse*, et de dignité se dit chass*eresse*, dans *Diane chasseresse*. C'est ensuite par antiphrase qu'on a dit *diablesse*, *tigresse*, *traîtresse*, etc.

538. Les titulatifs peuvent se distinguer en deux variétés, l'une plus nombreuse en *esse*, comme *prêtresse*, *papesse* ; l'autre en *isse*, comme *pythonisse*.

539. La prononciation s'oppose à ce que l'on confonde, malgré l'identité de l'orthographe, les titulatifs avec un genre de noms abstraits en *esse*, comme *tendresse*, *justesse*, etc. Voyez le n° 660. Il serait peut-être bon d'affecter, dans les titulatifs, le premier *e* de *esse*, d'un accent

grave : exemple, *diaconèsse*, *chanoinèsse*, etc.

(VI⁰ note.) *Des noms auxiliatifs.*

544. La désinence *orius*, *oria*, *orium*, *oire*, pour tous les genres, est tellement un signe de *moyen* qui sert à l'action des verbes avec le supin desquels elle se construit, qu'il n'est peut-être pas de significatif impératif français qui ne se construise avec *oir* ou *oire*, pour exprimer le plus généralement le nom de l'instrument propre à l'action déterminée par la base du mot, si cette action demande un instrument particulier.

545. La construction de la désinence *oir*, *oire*, avec un significatif impératif, produisant constamment un nom et jamais un adjectif, doit faire partie de la classe des noms verbaux, et former un genre particulier, qu'on appelle *auxiliatif*.

546. Un auxiliatif est donc un nom verbal, qui, résultant de la construction de la désinence *oir*, *oire*, avec un significatif impératif, représente le plus souvent l'instrument et quelquefois le lieu propre à l'action

déterminée par la valeur de la base du mot.

547. Les auxiliatifs sont de deux sortes :

1°. Les auxiliatifs *proprement dits*, ceux qui désignent des instrumens, comme *battoir*, *mouchoir*, *grattoir*.

2°. Les auxiliatifs qui se prennent en sens de noms de *lieux*; les *locatifs*, comme *lavoir*, *réservoir*, *abreuvoir*, etc.

548. On peut distinguer les auxiliatifs en deux variétés :

1°. En *oir* masculine, comme trott*oir*, mir*oir*, poliss*oir*.

2°. En *oire* féminine, comme baign*oire*, bassin*oire*, écum*oire*.

549. Quand les deux variétés se trouvent avoir le même significatif, la première paraît être de la sorte locative, et la seconde de l'auxiliative proprement dite, comme on le voit par les mots baign*oir*, coul*oir*, port*oir*, promen*oir*, baign*oire*, coul*oire*, port*oire*, promen*oire*, etc.

550. Les mots en *oir* résultans de la construction postpositive de la terminaison *ere*, ou les verbes en *oir*, n'ont aucun rapport avec les auxiliatifs ; tels sont recevoir, mouvoir, etc.

R

(VII.e note.) *Des augmentatifs péjo[ratifs]*
ratifs.

572. L'idée de forte résistance est ass[ez] analogue de celle d'opiniâtreté, d'augme[n]tation prise en mauvaise part, ou vue so[us] des formes désagréables ; ce peut êt[re] de-là que la désinence *ace*, altérée en *a[s]*, *asse*, et même *ache*, soit devenue dans [la] construction avec des noms, le signe d'id[ée] d'augmentation, accompagnée de celle [de] mépris, à moins que cette désinence *a[ce]* ne soit homologue de *acio*, qui, prononc[é] *adchio* en italien, a la même valeur da[ns] cette langue, où elle forme le caractè[re] d'un genre très-nombreux.

573. Dans quelque hypothèse que [ce] soit, les variétés *ace*, *as*, *asse*, *ach[e]* d'une seule et même terminaison, con[s]traite avec un nom, et quelquefois [un] verbe français, ajoute à l'idée de [ce] nom celle d'augmentation, presque to[u]jours prise en mauvaise part, d'où [le] genre de noms appelés *augmentatifs péj[o]ratifs* ; tels sont *villace*, grand[e] vilai[ne] ville ; *populace*, grande quantité [de] peuple méprisable, etc.

574. Les augmentatifs despectifs sont de trois variétés.

1°. En *ace*, comme villa*ce*, popula*ce*.

2°. En *as* ou *asse*, d'où deux sous-variétés, l'une en *as*, comme galet*as*, fatr*as*, plâtr*as*, etc.; l'autre en *asse*, paper*asse*, homm*asse*.

3°. En *ache*, comme gan*ache*, pan*ache*, etc.

575. Il y a plusieurs augmentatifs en différentes variétés qui ne sont pas péjoratifs; tel est le dernier cité comme exemple de la troisième; tels sont pour la première, aval*ace*; pour la première sous-variété de la deuxième, coutel*as*; la deuxième sous-variété, béc*asse*, cuir*asse*, etc.

Des augmentatifs péjoratifs verbaux.

576. La désinence *asse* ou *ache*, jointe à la terminaison *er*, d'où *asser*, *acher*, forme un genre de verbe *augmentatifs péjoratifs* assez nombreux en langage vulgaire, tels sont bav*asser*, rêv*asser*, amour*acher*, etc. genre appartenant aux constructions postpositives du second degré.

V.e CLASSE.

Des noms abstraits.

595. Toute qualité suppose toujours un sujet, et quand on dit *bon, blanc*, on demande naturellement : qu'est-ce qui est *bon ?* qu'est-ce qui est *blanc ?* Les adjectifs sont donc en général des signes d'idées *concrètes.*

596. Mais appercevant les mêmes qualités dans des objets divers, l'homme découvre qu'il y en a plusieurs doués de la propriété de l'affecter de la même manière, sous tel ou tel point de vue ; alors s'il veut examiner une même qualité en différentes substances, et représenter l'idée qu'il en conçoit, sans avoir égard à tel ou tel corps qui en fait la base, il individualise cette qualité par la pensée, il la représente, *abstraction* faite de son sujet, et le signe représentatif dont il se sert, est un nom *abstrait*, comme l'idée elle-même est une idée *abstraite*.

597. C'est après avoir vu lys *blanc*, neige

blanche, lait *blanc*, que l'on se fait idée de la manière d'être de ces corps, sans songer à eux, et que concevant *blanc* sans lys, sans neige, sans lait, en un mot, sans support, on rend cette perception par *blancheur*; de même fruit *bon*, lait *bon*, pain *bon*, etc. conduisent à l'idée de *bon*, sans *fruit*, sans *lait*, sans *pain*; enfin, sans s'occuper de ce qui est bon, c'est-à-dire, l'idée de *bonté*; ainsi les différentes constructions des désinences avec des significatifs, servant à représenter des idées spécifiées, sans avoir égard au sujet auquel elles sont susceptibles de se rapporter, donnent lieu aux noms *abstraits*, formant la cinquième classe des constructions désinencielles.

Des abstractifs-objectifs.

598. La manière la plus générale de former les signes des abstractions des qualités, est de construire la désinence latine *itas, itatis*, avec les bases génitives des adjectifs simples ou désinenciés, ou la désinence française *ité*, avec le significatif féminin des adjectifs homologues; et le nom qui en résulte représente la qualité

désignée par cet adjectif comme isolée de tout *objet* auquel elle peut se rapporter, d'où les noms de ce genre sont dits *abstractifs-objectifs*.

599. *Bon, pur, dur, âcre*, sous forme abstractive-objective, donnent *bonté, pureté, dureté, âcreté*, etc. Il n'est presque point de genres dans la classe des qualificatifs à base nominale, qui ne fournissent des exemples d'abstractifs-objectifs.

1°. Les comparatifs, tels que *inférieur, supérieur* ; d'où infér*iorité*, supér*iorité*.

2°. Les superlatifs, tels que *intime, extrême* ; d'où intim*ité*, extrém*ité*.

3°. Les réplétifs, tels que *généreux, morose* ; d'où génér*osité*, mor*osité*.

4°. Les attributifs, tels que *original, formel* ; d'où origin*alité*, form*alité*.

5°. Les inessifs, tels que *public, électrique* ; d'où publ*icité*, électr*icité*.

6°. Les habitatifs, tels que *humain, urbain* ; d'où hum*anité*, urb*anité*.

7°. Les exortifs, tels que *divin, paterne* ; d'où div*inité*, patern*ité*, etc. Il n'y a guère que les approximatifs, les dégradatifs et les régionalifs dans lesquels on ne rencontre pas ce mode d'abstraction.

600. Non-seulement les qualificatifs à base nominale sont susceptibles de se formuler abstractivement, mais encore la plus grande partie de ceux à base verbale sont susceptibles du même genre de construction. Ex. aim*able*, amabi*lité*, act*if*, acti*vité*, aut*eur*, autor*ité*. Tén*ace*, ténac*ité*, av*ide*, avid*ité*; contr*aire*, contrar*iété*; etc. Par ces deux numéros, on voit que ce genre de postpositifs est le plus nombreux qui existe.

601. Les abstractifs-objectifs peuvent se diviser en deux sortes.

1°. Les *proprement dits*, ceux qui représentent la qualité purement abstraite, et qui, dans ce cas, ne comprenant pas l'idée de nombre, ne sont pas susceptibles de pluralisation, comme *l'amabilité*, *l'éternité*.

2°. Les *figurés*, ceux qui, se prenant secondairement en sens *concret*, désignent des objets et se pluralisent alors, tels que des *beautés*, des *divinités*, etc.

Les variétés des abstractifs-objectifs sont au nombre de trois.

1°. En *ité*, comme gravi*té*, fixi*té*.
2°. En *eté*, comme pure*té*, dure*té*.
3°. En *té*, comme bon*té*, beau*té*.

Des abstractifs perceptifs.

602. Suivant la division de l'école, les *qualités* peuvent être considérées en elles-mêmes, ou relativement à la sensation de l'individu qui les perçoit ; et on a dit qu'une chose bonne en elle-même, était *absolument* bonne, tandis qu'une chose qui n'était bonne que par rapport à telle ou telle manière de voir, était bonne *relativement*. D'où cette distinction des qualités *in ordine ad se*, et des qualités *in ordine ad nos*. L'abstraction de ces qualités, sous le premier point de vue, se reconnaît par la désinence *itas, itatis*, en latin ; *ité*, en français, construite avec un adjectif ; et l'abstraction de ces mêmes qualités, sous le second point de vue, se caractérise par la désinence *or, oris, eur*, unie à des radicaux ou des adjectifs ; d'où un second genre de noms abstractifs, nommés *Perceptifs*; tels que terr*eur*, fray*eur*, chal*eur*, aigr*eur*, sav*eur*, etc.

603. Un perceptif est donc un nom formé par la construction de la désinence *eur*, qui n'est pas avec une base ordinairement verbale, et déterminant la nature de l'idée abstraite dans ses rapports avec la sensation qu'elle occasionne.

604. Le caractère de ce genre est bien marqué dans les différens mots en *eur* et en *ité*, qui ont la même base : Exemple, sav*eur*, sapid*ité* ; tiéd*eur*, tépid*ité* ; rig*ueur*, rigid*ité* ; val*eur*, valid*ité* ; hum*eur*, humid*ité* ; liqu*eur*, liquid*ité* ; fad*eur*, fatu*ité*, etc. C'est par cette raison que pesant*eur* étant dans beaucoup de cas synonyme de *gravité*, ces mots ne peuvent réciproquement se mettre l'un pour l'autre dans cette locution : Un médecin prescrit avec *pesanteur*, tel ou tel remède contre les *gravités* d'estomac ; au lieu de, Un médecin prescrit avec *gravité* tel ou tel remède contre les *pesanteurs* d'estomac.

605. La signification propre des abstractifs-perceptifs s'évanouit dans plusieurs cas, par l'emploi qu'on en a fait au défaut de la formule d'abstraction *in ordine ad se*.

Telle est souvent la signification des mots blanch*eur*, roug*eur*, pâl*eur*, long*ueur*, larg*eur*, gross*eur*, profond*eur*, en usage pour blanc*ité*, rubic*ité*, pallid*ité*, long*ité*, larg*ité*, gross*ité*, profond*ité*, qui manquent à la langue.

606. Par la métonymie du signe de l'effet employé pour celui de la cause, les abstractifs-perceptifs se sont encore pris en sens concret, comme *liqueur*, objet liquide; *humeur*, certain fluide du règne organique, etc. d'où on peut diviser les perceptifs en trois sortes :

1°. Les proprement dits, ceux qui ne s'emploient que dans le sens de l'abstraction *in ordine ad nos*, comme *terreur*, *fureur*.

2°. Les perceptifs devenus *abstractifs-objectifs*, faute de cette construction, comme longueur, grosseur.

3°. Les perceptifs-objectifs, ceux qui se disent pour représenter l'objet à l'occasion duquel on conçoit l'abstraction, comme une liqueur, une humeur.

607. On pourrait admettre deux variétés de perceptifs.

1°. La plus nombreuse en *eur*, comme ard*eur*, douc*eur*.

2°. L'ancienne, plus rare en *our*, comme am*our*, lab*our*.

Plusieurs dérivés qui ont pour base une forme perceptive, la conservent dans sa pureté latine, *or*; d'autres la prennent en *our*, quoique le mot isolé soit en *eur*; quelques-uns contiennent cette construction en *eur*. Ex. honn*eur*, hono*R*able; liqu*eur*, liquo*R*eux; vap*eur*, vapo*R*iser; langu*eur*, lango*UR*eux; vigu*eur*, vigou*R*eux; chal*eur*, chal*eur*eux; p*eur*, p*eur*eux.

Des abstractifs-progressifs.

608. Il est possible que la désinence *itudo, itudinis, etudo*, d'où peut être *udo, udinis*, en latin ; *itude, ume*, en français, ait une même origine que la caractéristique du premier genre ; mais il semble qu'elle dérive immédiatement de la racine de *itum, ire, aller* ; en effet, elle est un signe de mouvement, de développement, de continuité, de progression ; c'est pourquoi les noms abstraits qui résultent de sa construction

avec un significatif, sont appelés *progressifs*.

Ainsi solli*citude* est une suite, une continuité, une progression de *soucis* (sollicita), la béa*titude*, l'état prolongé et continuel du *Beat* (bien heureux), al*titudo*, l'élévation indéfinie, d'où l'exclamation *ó altitudo !* C'est par la même raison que habi*tude*, lon*gitude*, lati*tude*, quié*tude*, atti*tude* pour *astitudo*, sont des progressifs.

609. Quelques progressifs se sont altérés, tels que consue*tudinis*, ama*ritudinis*, devenus cou*tume*, amer*tume*, etc. d'où ces genres de noms abstraits se distinguent en deux variétés.

1°. En *itude*, ou *ude*. Exemple, pla*titude*, etc.

2°. En *ume*, comme amer*tume*, etc.

Des confusifs.

610. Il existe en français un genre de noms manquant en latin, et qui représente le résultat d'une action sous l'aspect d'ensemble chargé, de mixtion intime, de mélange inséparable, de réunion informe, en un

mot, de *confusion*; et le postpositif qui désigne cette idée déterminée par la valeur d'un significatif avec lequel se construit la désinence *is*, est appelé *confusif*.

611. Les confusifs sont de deux sortes :

1°. Les *actifs*, ceux à base verbale, qui marquent la confusion comme un résultat d'action, tels que gâch*is*, hach*is*, confusifs de *gâcher*, *hacher*.

2°. Les *énonciatifs*, ceux à base nominale qui marquent la confusion comme une manière d'être ensemble des objets déterminés par le significatif, tels que treill*is*, pal*is*, de *treille*, *pieux*, etc.

612. Un assez grand nombre de confusifs ne sont que du style familier, comme margouill*is*, fouill*is*, gribouill*is*, des homologues de *mareculare*, *fodiculare*, *gribullare*, pour *giro-bullare*.

Des systématifs.

613. La partie finale *isme*, grecque d'origine, construite avec des significatifs déjà désinenciés, ou qui d'ailleurs sont en fonction de base dans des constructions qualificatives, modifie l'idée représentée

par le mot qui lui sert de support, relativement à un ensemble co-ordonné, à une réunion combinée, en un mot, à un *système* dans toute l'étendue du terme, soit physique ou moral, et ce genre de noms se formule par la dénomination de *systématif*. Tels sont systématifs de *machine* et d'*organe* les mots *mécanisme*, *organisme* ; de *royal* et de *républicain*, les noms roya*lisme*, républica*nisme*.

614. Il n'est pas de noms qui, servant de base aux fixatifs-putatifs (110), ne soit celle d'un systématif. Exemple, jansén*iste*, jansén*isme* ; calvin*iste*, calvin*isme* ; pur*iste*, pur*isme*, etc. Il est beaucoup de postpositifs même, qui, passant sous une forme systémative, présentent une foule de constructions du premier degré ; tels sont chrétien, newtonien, d'où christia*nisme*, newtonian*isme*, etc.

615. Le mot *systême*, dans son sens métaphysique, se prend assez souvent en mauvaise part, par l'abus que dans cette science on a fait de la *chose*, de manière que ce mot est devenu le signe de l'abus de la valeur, plutôt que celui de son idée

propre. De-là le néolog*isme* est l'abus de la néolog*ic*, le philosoph*isme* de la philosoph*ie*, le soph*isme* de soph*ia*, sagesse, raison; d'où les systématifs se prennent toujours en mauvaise part quand il existe dans la langue une autre manière d'en exprimer l'idée positive.

Des opératifs.

616. Un genre très-nombreux de noms abstraits, dérivés de la basse latinité, se reconnaît par la désinence *age*, du radical AG de *agir*; laquelle construite avec un significatif verbal, exprime l'action, non en elle-même, mais sous le rapport de l'art par le moyen duquel elle se fait, relativement aux règles techniques, suivant lesquelles s'en exécute le manuel *opératoire*, et ce genre verbal est dit *opératif*.

617. Les **opératifs doivent** être et sont réellement très-usités en termes d'arts et métiers; ils l'ont été aussi fréquemment en terme de féodalité. Leur idée primitive conduit naturellement à celle de salaire, de lucre, que l'on doit retirer de l'action. Cette idée secondaire d'intérêt pécuniaire,

de fruit en général, s'associe communément avec celle de *droit* résultant de services rendus, de conventions réciproques, de jouissances acquises légitimement ou par *exaction*; d'où les tributs, les *droits féodaux* ont formé une sorte dans les postpositifs en *age*. Enfin par une métonymie fréquente, les opératifs se sont employés pour le signe de l'objet qui sert à l'action ou qui en résulte. D'après ces différentes acceptions, ce genre se divise en quatre sortes:

1°. Les *proprement dits*. Exemple, batt*age*, pos*age*.

2°. Les lucratifs. Exemple, blanchiss*age*, chauff*age*.

3°. Les possessifs, ter*rage*, homm*age*.

4°. Les objectifs, boc*age*, feuill*age*, etc (1).

Des modificatifs.

618. La désinence *mentum* des Latins, construite avec un significatif verbal, re-

---

(1) Il est inutile de rappeler que l'on rencontre plusieurs mots en *age* qui ne sont pas des opératifs. (*Voyez* les *insessifs*, n° 408.)

présente l'action sous le point de vue de sa manière d'être, de sa forme, souvent même de son intention, et sert de type à un genre très-étendu, les *modificatifs*. C'est en comparant ce genre avec d'autres dont la base est la même, que l'on peut en déterminer les caractères, en analysant par ex. la différence de *mouvement* et *motion*, de *excitement* et de *excitation*, de *fondation* et de *fondement*, de *battage* et de *battement*, de *avantage* et de *avancement*, &c.

619. La désinence *ment* se construit avec presque toutes les formes féminines des adjectifs, et donne lieu à une expression adverbiale. Tels sont les mots *attentivement*, *blanchement*, *fraîchement*, &c. d'une manière *attentive*, *blanche* ou *fraîche*. Quelques Grammairiens veulent que ces constructions soient d'une origine différente des précédentes, et que celles-ci viennent du *mente* des Italiens (*attentivement*, *attentiva mente*), tandis que les précédentes dérivent du *mentum* des Latins; mais le *mentum* et le *mente* ne sont eux-mêmes que des dérivés de *mens, mentis*, caractéristique de tous les mots en

ment à base verbale ou nominale, d'un seul et même genre, les *modificatifs*.

620. Les modificatifs sont de deux sortes. De la première sorte sont :

1°. Les *noms* modificatifs, ou les modificatifs *actifs*, ceux qui ont pour base le significatif d'un verbe, comme élargisse*ment*, batte*ment*. Cette première sorte comprend deux sous-sortes : 1°. les *proprement dits*, comme mouve*ment*, tournoye*ment* ; 2°. les *objectifs* quand le signe de la modification d'action se prend pour l'objet modifié, comme seg*ment*, firma*ment*.

De la seconde sorte sont :

Les *adverbes* modificatifs, ou les modificatifs *énonciatifs*, ceux qui ont pour base la forme féminine d'un adjectif, comme chaude*ment*, forte*ment*.

621. La distinction des noms en *ment*, d'avec les adverbes équidésinens, se fait par celle de leur significatif, qui est toujours verbal dans le premier cas, et qualificatif dans le second où le *e* devient *é*, quand il peut y avoir confusion entre les deux bases : exemple aveuglément, l'action ou le mode résultant de l'action d'a-

veugler ; aveuglément, d'une manière *aveugle.*

622. Il faut retenir qu'en règle générale :

1°. Toutes les fois que dans ce genre de construction le *e* de la forme féminine est précédé d'une voyelle, il s'élide : exemple, *assurément, infiniment, absolument,* et non assurément, infiniement, absoluement.

2°. Toutes les fois que cette construction a lieu avec des adjectifs en *ant* ou *ent*, elle subit trois altérations, une syncope abréviative, une syncope euphonique et une attraction analogique, d'où les adverbes en *ment*, sur ces adjectifs, ont deux *m* : exemple, dilige*mment*, consta*mment*. Il n'y a que pré*sentement* qui n'ait pas subi cette triple altération, et qui se soit maintenu dans la règle générale de la construction modificative adverbiale. (Note, pag. 296.)

Des noms actifs.

629. Tout *acte* suppose essentiellement un mouvement particulier, par lequel il est prouvé ou manifeste qu'il s'exécute ;

que cet acte soit considéré relativement à la cause qui le produit ou à l'objet qui le reçoit, le phénomène vu simplement dans l'emploi de la force qui établit le rapport de l'*agent* au *patient*, constitue l'idée de ce qu'on appelle l'*action*, le *agir* existant, c'est-à-dire, l'acte en tant qu'il s'exécute. De-là toute construction de la désinence *io*, *ionis*, latine; *ion*, française, avec un significatif supin, exprime d'une manière abstraite, mais dans son essence, l'acte déterminé par la base du postpositif qui en résulte, et qu'on appelle *nom actif* par excellence.

Ainsi, act*ion* est le nom actif de ag*ir*, dépress*ion* de déprim*er*, correct*ion* de corr*iger*, &c.

630. Les noms actifs sont de deux sortes:

1°. Les *proprement dits*, quand ils sont exclusivement le signe de l'acte en lui-même, comme *attention*, *propension*, &c.

2°. Les *figurés*, quand, au lieu de représenter l'acte en lui-même, ces noms ne représentent que quelques circonstances ou quelques-unes des idées qui constituent celles de l'action, comme le résultat, le moyen, le lieu, le temps; tel est le mot *pension* pour prix, *pension* pour maison, &c.

651. Les noms actifs sont de deux variétés :

1°. En *ion* à base supin, tels que coct*ion*, partit*ion*, succ*ion*, &c.

2°. En *on* par la syncope abréviative du *i* de la désinence, toujours accompagnée d'une ou plusieurs autres altérations dans le significatif, comme toi*son*, mai*son*, poi*son*, rai*son*, pour ton*sion*, man*sion*, po*tion*, ra*tion*; de ton*sum*, man*sum*, po*tum*, ra*tum*, &c.

632. Dans les supins de la première conjugaison, la seconde variété des noms actifs éprouve la double métagramme du *t* en *s*, nécessitée par la syncope du *i* de la désinence et la métagramme du *a*, précédent en *ai*; d'où *ation* devient *aison*. Exemple, inclin*aison*, déclin*aison*, s*aison*, pour inclin*ation*, déclin*ation*, st*ation*, &c.

633. Les noms actifs de la seconde variété sont toujours de la seconde sorte qui peut se diviser en autant de sous-sortes qu'il

y a de différentes circonstances d'action. Par exemple, en Botanique cette variété exprime une circonstance de *temps* ; la flor*aison*, le temps des fleurs ; la foli*aison*, celui des feuilles, &c. ; les *saisons*, les temps des *stations* du soleil, ou plutôt de la terre, &c. ; *maison* se dit pour une circonstance de lieu ; *façon* pour une de manière ; *poison* pour une de résultat, &c.

634. Il faut remarquer que les noms actifs ne se construisent jamais dans la première variété que sur des significatifs supins ; qu'ils s'altèrent souvent sur leurs bases, et qu'il y a des noms actifs des deux variétés sur ce significatif supin ; mais il s'en construit quelquefois en français à base impérative et par analogie, parce qu'ils n'ont leurs homologues, en latin, que comme rationnels : par exemple, car*gaison*, démange*aison*, noms actifs, seconde variété, de *charger* et de *manger*, ont été faits depuis l'altération de ces mots correspondans *demanducare*, *carrucare*, et dont les dérivés *demanducatio*, *carrucatio*, ne sont que *possibles*.

635. Il y a certains cas où la désinence

io, ionis, n'est point construite avec une base verbale, et alors le nom qui en résulte n'est plus actif, mais simplement *énonciatif de forme active*, comme un*ion*, opin*ion*, de un*us*, un, et de opin*us*, qui pense de telle manière, &c.

Des noms infinitifs.

636. L'infinitif est une forme abstraite du verbe, ou plutôt une formule du verbe, une manière de représenter un significatif comme susceptible de se modifier par les différentes transformations qui constituent ses déclinaisons, qui, par leur identité avec celles de tels ou tels autres verbes, les fait distribuer collectivement dans la même conjugaison. (290) et suiv.

637. L'infinitif n'est donc pas un mode, mais une absence de mode. Cette construction, comme partie du discours, est souvent un nom abstrait; c'est pourquoi plusieurs Grammairiens l'appellent *nom verbal*; il en prend la livrée, en s'affectant de prénoms, en se revêtissant des formes numérales : tels sont les *repentirs*, les *dîners*, les *soupers*, &c. Il y en a même

qui sont devenus exclusivement noms, comme le *plaisir*, le *loisir*, homologues de *placere*, de *licere*, &c.

638. Les infinitifs considérés comme noms abstraits, ou les noms *infinitifs*, expriment le fait dans sa plus grande généralité, jusque dans sa simple réductibilité à l'acte; c'est ce qui fait différer les noms infinitifs des noms actifs. Ceux-ci désignent le fait dans ses rapports nécessaires avec l'*acte*; ceux-là n'en supposent quelquefois que la possibilité.

639. La *sensation* est un phénomène dans ses rapports avec l'acte; le *sentir* est le phénomène possible ou réel; la sensation est le fait relatif au sujet qui le perçoit; le *sentir* n'est que le phénomène considéré comme un mode abstrait du sujet sentant.

640. Ces noms infinitifs sont, comme ceux du genre précédent, divisés en deux sortes :

1°. Les infinitifs *proprement dits* : ex., le *boire*, le *manger*.

2°. Ceux qui se prennent dans le sens d'une des circonstances du fait, et alors leur idée s'individualise et ils sont susceptibles de formes numérales, comme un *dîner*, un *souper*, un *repentir*, &c.

Des noms impératifs.

641. Il existe un grand nombre de noms verbaux qui paraissent avoir servi de base aux verbes que l'on pourrait croire construits sur eux, quand, au contraire, ces mêmes noms sont des dérivés de ces verbes, et qu'ils n'ont été usités ultérieurement que pour marquer l'action ou quelques-unes de ses circonstances par la seule forme impérative, prise comme un nom.

642. Par exemple, *forme* est bien un nom sur lequel a été construit le verbe *former*; mais le mot *ralonge* n'en est pas un qui ait servi de base au verbe *ralonger*. Si on n'avait jamais ralongé, il n'y aurait point de *ralonge*, car ce mot indique précisément le résultat d'une action, celle d'avoir donné plus de longueur à un objet. C'est pareillement après avoir dit long-temps *inviter*, qu'en terme de jeu on dit une *invite* pour l'action d'inviter;

comme d'ailleurs une *salre* pour une *salve*, action de saluer, &c.

643. Ces noms qui, servant en apparence de bases aux verbes dont ils représentent l'idée comme action, ne sont pas des expressions préexistantes à ces verbes, mais des dérivations, des termes ultérieurement employés, souvent au défaut des noms actifs ou d'autres noms abstraits : c'est ainsi qu'on dit vulgairement, une *gronde*, pour action de gronder, parce qu'on n'a pas *grondation*, *grondure*, *grondement* ou *grondage*, &c.

Ces noms s'appellent *impératifs*, non parce qu'ils représentent quelque idée de commandement, mais parce qu'ils sont la forme impérative elle-même, prise substantivement, comme une *brouille*, une *fouille*, une *frappe*, une *chauffe*, noms abstraits de *brouiller*, *fouiller*, *frapper* et *chauffer*.

644. Les noms impératifs ne se rencontrent guère que dans les verbes en *er*, et sont d'un usage assez fréquent dans les arts et métiers.

Constructions des variétés de la désinence
ITIA, IA ; ITIÉ, IE.

645. Dans sa première traduction, la désinence *itia* a dû devenir *itie* : exemple, n*igritia*, negr*itie*.

Par la syncope du dernier *i*, le *t* a dû se changer isophoniquement en *c*, et *itie* devenir *ice* : exemple, just*itia*, just*ice*.

SS est un signe de même valeur que *c*, la métagramme de *i* en *e* est fréquente, et *ice* se sera transformé en *esse* : exemple, larg*itia*, larg*esse*.

Mais d'ailleurs, *ice*, par une simple métagramme euphonique, sera plutôt encore devenu *ise*, comme on le voit dans marchand*ise* de mercant*itia*.

646. Dans cette hypothèse, les mots dél*ice*, immond*ice*, not*ice* ; tendr*esse*, rud*esse*, alt*esse* ; prêtr*ise*, maîtr*ise*, se seront formés par traduction ou par construction sur leurs homologues réels ou rationnels del*itia*, immund*itia*, not*itia*, tener*itia*, rud*itia*, alt*itia*, presbiter*itia*, magistr*itia*, &c.

647. La désinence *itia* ou *ities*, qui en

est une variété, paraît composée, et avec d'autant plus de vraisemblance que la désinence *ia* ou *iēs* présente un sens à-peu-près égal à celui de *itia* dans ses constructions avec des adjectifs, d'où il résulte des noms abstraits, comme perfid*ia*, perfid*ie*; astrolog*ia*, astrolog*ie*, &c.

648. Toutes les constructions dont le significatif se termine par *t*, éprouvent la métagramme de cette consonne en *c*, et la syncope du *i*, de *ie*, comme dans *ice*, de *itia*, *itie* qui se réduit à la simple existence d'un *e* par ces deux altérations ; car les noms abstraits terminés en *ce*, ont le *c* significatif et le *e* seulement désinenciel : par exemple, diligent*ia*, prudent*ia*, sont diligen*ce*, pruden*ce*, et non pas diligen*ce*, pruden*ce*, pour diligent*ie*, prudent*ie*, &c. Il en est de même de grat*ia* dans grace. C'est par l'analogie de la syncope de *i* dans *ie* concomitante, de la métagramme du *t* significatif en *c*, que quand le significatif se termine par *c*, la syncope du *i* désinenciel a lieu dans le nom abstrait qui en résulte : exemple, auda*ce* pour auda*cie*, de audac*ia* ; inconvénient qui fait confondre

la traduction du qualificatif lui-même avec celle de son nom abstrait, car audace est de auda*cia*, comme rap*ace* de rap*acis*, &c.

649. En regardant *itia*, *ities*; *ia*, *ies*, comme de simples variétés d'une même désinence, qui, construite avec un qualificatif, en représente la valeur sous forme de nom, et abstraction faite de tout sujet, alors les finales françaises, *itie*, *ice*, *ise*, *esse*, *ie*, *e*, seraient six variétés d'un seul et même genre. Il est cependant probable que ces différences léxiques, dans le signe, ont dû affecter de quelques nuances la valeur de l'abstraction elle-même; et si ces nuances étaient saisies, elles deviendraient les types d'autant de genres de cette classe de noms. Les noms en *esse* seulement présentent une modification qui leur est propre. Dans l'état actuel de l'analyse incomplète des désinences *itia*, *ia*, on supposera que de leurs six altérations, les quatre suivantes, *ice*, *ise*, *ie*, *e*, sont quatre variétés d'un même genre, et *esse* la caractéristique d'un autre.

Des abstractifs absolutifs.

651. La désinence *ice*, *ise*, *ie*, *e*, construite avec des significatifs qualificatifs, paraît représenter, d'une manière *absolue*, la valeur de la base sur laquelle elle repose. Cette abstraction n'étant qu'une idée très-générale, ne devant pas plus être regardée comme une déduction de la qualité concrète et perçue que de la faculté pensante qui l'apprécie, doit être très-vague et par-là même applicable à une infinité de cas, rentrant dans une multitude d'acceptions par la divergence et le croisement des analogies éloignées.

651. On pourrait penser que l'étendue dogmatique de cette désinence *abstractive absolutive*, servant de quadruple caractéristique à un genre, en devrait multiplier les sortes indéfiniment par la diversité des synecdoques auxquelles elle doit avoir donné lieu ; cependant on peut réduire ces différentes valeurs des abstractifs *absolutifs* à deux ; l'une abstraite en elle-même, d'où les absolutifs *proprement dits* ; l'autre individualisée, et appliquée

à tel ou tel objet par réduction, d'où la seconde sorte de ce genre, tels sont une *infamie*, une *vilenie*, quand il est question de l'*infamie* ou la *vilenie*, considérée dans tel ou tel fait, &c.

652. Les abstractifs absolutifs sont de quatre variétés :

1°. En *ice*, comme just*ice*, pol*ice*, &c.
2°. En *ise*, comme sott*ise*, franch*ise*.
3°. En *ie*, comme bonhom*ie*, incur*ie*.
4°. En *e*, comme grace, force.

653. Il est facile de ne pas confondre les abstractifs absolutifs de la première variété avec les formes féminines des assuéfactifs construits sur les supins des verbes, tels que cantatri*ce*, actri*ce*, dont la coupe léxique est cantat*rice*, act*rice*, et non pas cantatri*ce*, actri*ce*, &c. On ne confondra pas non plus certains abstractifs verbaux, féminins des participes, avec la seconde variété *ise*, tels que mépr*ise*, entrem*ise*, &c. dont la coupe léxique n'est pas mépr*ise*, entrem*ise*, mais mépri*se*, entremi*se*, &c.

654. La quatrième variété des abstractifs, celle dans laquelle a disparu le *i*

désinenciel, se sous-divise en trois sous-variétés :

1°. Celle dans laquelle cet *i* a disparu avec la métagramme du *t* final du significatif en *c*, comme enfance, souffrance.

2°. Celle dans laquelle plusieurs mots appartenant premièrement à la sous-variété précédente, ont éprouvé depuis la métagramme du *c* significatif en *g*, comme louan*ge*, mélan*ge*, pour louan*ce*, mélan*ce*, de *laudantia, misculantia*, &c.

3°. Celle dans laquelle le *i* désinenciel a disparu par le mouillement du *n* en fonction de dernière consonne significative, et alors le mot s'est terminé en *gne* au lieu de l'être en *nie* : exemple, Allema*gne*, Boulo*gne*, pour Alleman*ie*, Boulon*ie*, de *Allemania, Bolonia*, &c.

655. La variété *ie*, construite avec des binomes grecs, exprime constamment des noms d'arts ou de sciences, et appartient à la première sorte. Ces binomes sont le plus souvent des déclinatifs qu'il serait possible de formuler ; tels sont :

1°. Les déclinatifs en *mètre*, signe de mesure, comme géo*mètre*, qui mesure les corps; stéré*omètre*, qui mesure les solides, d'où les abstractifs absolutifs en *métrie*, géo*métrie*, stéréo*métrie*.

2°. Les déclinatifs en *logue*, signe de *discours*, de *rapport*, de *science*, comme astro*logue*, qui parle des *astres*; théo*logue*, qui parle de *Dieu*, d'où les abstractifs absolutifs en *logie*, comme astro*logie*, théo*logie*, &c.

3°. Les déclinatifs en *graphe*, signe de *description*, comme géo*graphe*, qui décrit la terre; historio*graphe*, qui décrit l'histoire, d'où les abstractifs absolutifs en *graphie*, comme géo*graphie*, hydro*graphie*, &c.

4°. Les déclinatifs en *mante*, signé de *connaissance*, de *divination*, d'où les abstractifs absolutifs en *mantie*, comme chyro*mantie*, pyro*mantie*, &c., art de deviner par l'inspection de la *main*, du *feu*, &c.

Il y a beaucoup d'autres déclinatifs grecs, hypothétiques ou réels, servant de base à des abstractifs absolutifs.

656. La même désinence *ie*, construite avec des habitatifs ou des exortifs, ou

plus généralement avec des significatifs terminés par *n*, forme les doubles désinences *anie*, *inie*, *onie*, &c., d'où *agne*, *aigne*, *ogne*, et en général les noms en *gne*. Les résultats de toutes ces différentes constructions sont des noms géographiques, des noms de lieux, de contrées et de pays : ex. Alb*anie*, *Abyssinie*; Camp*anie*, Camp*agne*, Mont*agne*, Bourg*ogne*, &c.; Sard*aigne*, &c., et appartiennent à la seconde sorte.

Des locatifs-exercitifs.

657. La désinence *ie*, construite avec l'exercitive *ier* ou l'assuéfactive *eur*, forme la double désinence *erie*, qui, dans ce cas, exprime ordinairement,

1º. Des noms de lieux dans lesquels s'exercent les fonctions marquées par l'exercitif ou l'assuéfactif, qui servent de base ;

2º. Des noms des différens objets relatifs à l'exercice de la fonction ;

3º. L'art lui-même dans lequel rentre cette fonction : le mot imprimerie en fournit un triple exemple :

1°. Imprim*erie*, comme lieu où l'on imprime.

2°. Imprim*erie*, comme ensemble des presses.

3°. Imprim*erie*, comme art de l'imprimeur.

La double désinence *erie*, considérée comme un signe unique dans sa valeur physique, peut former un genre composé de trois sortes, et ce genre s'appelle *locatif-exercitif*.

Des abstractifs réprobatifs.

658. Il est encore une construction remarquable de la désinence *ie*, c'est quand elle prend pour base un infinitif réel ou hypothétique ; alors elle est formellement identique de sa composition avec un exercitif ou un assuéfactif (657), et il est quelquefois difficile de distinguer un nom en *erie*, à base nominale, d'un nom en *erie*, à base verbale : mais, dans ce dernier cas, le nom est toujours abstrait ; il est un signe assez distinct pour que sa valeur particulière soit le type d'un genre ; en effet, les noms en *erie*, à base verbale, quelquefois

même à base nominale, mais au moral, représentent toujours l'action prise en mauvaise part, sous le point de vue de son intention blâmable, de ce qui, en un mot, la constitue le plus souvent digne de *réprobation*, d'où ce genre de nom abstractif s'appelle *réprobatif*.

659. Ce n'est pas tant à la désinence elle-même ou à sa construction avec un infinitif que tient son type improbatif, mais bien à ce que la plupart des actions blâmables se représentent par l'union du verbe qui les représente avec la désinence *ie*, tels que *escroquer*, *friponner*, *filouter*, &c. dont les noms abstraits sont escroqu*erie*, fripon*nerie*, filout*erie*. Il y a même de ces réprobatifs à base hypothétique, tels que bizarr*erie*, cagot*erie*, charlatan*erie*, diabl*erie*, &c. car *bizarer*, *cagoter*, *charlataner*, *diabler*, ne sont pas d'usage.

Des abstractifs sociatifs.

660. La désinence *esse* paraît, en général, marquer des abstractions de qualités appartenantes aux corps organiques, de

qualités d'êtres susceptibles de locomotion, comme faible*sse*, gros*sesse*, jeu*nesse*, vieille*sse*, vîte*sse*, d'êtres entre lesquels il existe des rapports perçus, des rapports de sensibilité, comme allégre*sse*, cares*se*, délicate*sse*, fine*sse*, large*sse*, lie*sse*, molle*sse*, noble*sse*, pare*sse*, polite*sse*, proue*sse*, rude*sse*, basse*sse*, petite*sse*, sage*sse*, simple*sse*, tendre*sse*, triste*sse*, ivre*sse*, et plus généralement des rapports d'association, comme aîne*sse*, alte*sse*, haute*sse*, grande*sse*, polite*sse*, riche*sse*, d'où ce genre de noms abstractifs s'appelle *sociatif*.

661. En effet, la très-grande majorité de ces noms exprime des relations d'abstractions entre les individus unis par des liens sociaux, des individus pensant, sentant les rapports civils par lesquels ils se touchent ou se froissent. Les sociatifs diffèrent des perceptifs, en ce que le caractère de ce dernier genre est plutôt l'abstraction d'une sensation isolée, concentrée, ordinairement exclusive, et n'ayant pour objet que l'individu seul qui en est affecté. *Voyez* (601).

662. La dénomination de sociatifs n'est peut-être pas très-convenable pour formuler les noms abstraits en *esse*; car il y en a de cette désinence qui n'expriment pas une idée de sociation, mais toujours une idée abstraite, relativement aux êtres, sinon *vivans*, au moins *animés* de quelque mouvement, comparé par figure à la force de la vie : tels sont les mots *souplesse*, *vîtesse*, &c. Il faudrait une désignation qui représentât l'idée abstraite de la manière d'être *animé*, dans toute l'étendue de ce terme ; alors elle comprendrait convenablement ce qui est du ressort du genre que nous nommons sociatif.

Des sécrétifs.

663. Il existe un genre particulier de noms abstraits qui n'appartient pas, rigoureusement parlant, à la Léxicologie, mais qui dépend seulement de la grammaire ; car, n'étant le résultat d'aucune construction, il n'est que l'adjectif, pris substantivement par ellipse : tel est le *blanc*, le *noir*, le *beau*, le *bon*, &c. Eu égard à la collection des noms abstraits, nous

pouvons en terminer la classification, par l'exposition de ceux de ce genre, que nous croyons différer de tous les noms qui viennent d'être traités.

654. En effet, les adjectifs, pris substantivement comme noms abstraits, désignent moins une qualité séparée de la totalité d'un sujet, qu'une des qualités de ce sujet, déduite et distinguée, en un mot *sécrétée* d'une ou plusieurs autres qualités dont il est doué, d'où ce genre de noms abstraits est dit *sécrétif*.

665. Quelques applications vont rendre ce caractère sensible : par exemple, quand on dit, LA BONTÉ *de votre affaire en rend le succès infaillible,* il est question de la qualité qu'a la totalité de votre affaire d'être bonne ; mais si l'on dit : LE BON *de votre affaire est que vous êtes attaqué.* Ici la qualité qu'a votre affaire d'être bonne, est extraite et distinguée d'autres qualités dont elle jouit, et qui ne sont pas la bonté. *Le haut* d'une maison est ce qui en constitue distinctement et spécialement l'élévation, au lieu que *la hauteur* d'une maison est la qualité abstraite de *toute,*

sa première dimension ; c'est par la même raison qu'on dit, en terme de peinture et d'optique, *le rouge, le blanc,* et non *la rougeur, la blancheur* : d'où on peut dire qu'

666. Un *sécrétif* est un genre de noms abstraits, résultant de la forme masculine d'un adjectif, prise substantivement, et représentant la valeur de cet adjectif, comme une qualité abstraite ; mais sous son rapport de distinction de *sécrétion* d'une ou plusieurs autres qualités, supposées dans le même sujet.

NOTE.

623. Dans beaucoup de circonstances, les adjectifs eux-mêmes se prennent en sens adverbial, comme *bon* pour *bonnement, beau* pour *bellement, vite* pour *vitement,* bref pour *brièvement,* &c. ; ex. tenez *bon,* tout *beau,* n'allez pas si *vite,* parlez *bref.* Il n'y a que le sens de la phrase ou sa construction qui fasse distinguer la valeur adverbiale de la valeur adjective du qualificatif. Dans le premier cas, il est toujours accompagné d'un verbe exprimé ou

sous-entendu, ou d'un autre adjectif; dans le second cas, il est toujours précédé ou suivi d'un substantif, s'il n'a devant lui un prénom qui le caractérise.

624. Cet inconvénient homonymique n'existe pas en latin, car lorsque l'adjectif s'y prend adverbialement, comme en français, c'est-à-dire, par l'ellipse du nom auquel il se rapporte, et pour former une locution modificative, sa terminaison est toujours affectée d'un accent *grave*, différence orthographique qui n'est qu'un effet de celle de la prononciation.

625. Il y a trois cas latins qui peuvent se prendre adverbialement, le vocatif masculin des adjectifs triformes de la deuxième conjugaison; l'accusatif et l'ablatif, neutres de toutes:

1°. En *è*, doctè, doctement; malè, mal, &c.

2°. En *ùm*, mirùm, étonnamment; fortè, fortement.

3°. En *o* ou *i*, omninò, tout-à-fait; brevi, bref, &c.

626. Indépendamment de ces manières de marquer les adverbes, les Latins em-

ployent aussi des constructions désinentielles; par exemple, la plupart des adjectifs passent sous forme adverbiale par la construction de la désinence *iter*, avec le significatif génitif d'un adjectif de quelque conjugaison qu'il soit ; ex. dur*i*, *dur ;* du-ri*ter*, du*rement* ; gra*vis*, *grave* ; gravi*ter*, grav*ement* ; firm*us*, *ferme* ; firmi*ter*, fer*mement*, &c.

627. Il y a quelques-unes de ces constructions dans lesquelles la désinence éprouve une syncope abréviative, comme audac*ter*, prop*ter*, pour audac*iter*, pro-pit*er*, &c. Cette syncope abréviative est même constamment accompagnée d'une syncope euphonique dans la construction de la désinence *iter* avec un qualificatif quelconque en *ans*, *antis* ; *ens*, *entis*, ex. du significatif de diligen*tis*, l'adverbe, pur diligent*iter*, devient par syncope abréviative diligent*ter*, et par syncope euphonique, diligen*ter*. Il en est de même de toutes les constructions de ce genre, comme constan*ter*, négligen*ter*, &c., au lieu de constant*iter*, negligent*iter*, &c.

Des partitifs adverbiaux.

628. Les Latins ont une construction adverbiale qui leur est propre, et qui consiste à représenter la modification de la qualité sous le rapport de quantité développée uniformément, graduellement et par parties que détermine la valeur du significatif avec lequel se construit la désinence *im*. Ce genre d'adverbes se nomme *partitif-adverbial* : tels sont grad*atim*, degré à degré ; ped*atim*, pied à pied ; cocle*atim*, cueillerée à cueillerée, &c. On voit que cette construction latine se rend en français par la locution formée de la répétition du nom de la mesure avec l'intercallation de la préposition *à*.

VI.ᵉ CLASSE.

Des noms concrets.

667. Les différens noms appartenant à cette classe ont été traités latéralement dans l'exposition des genres des classes précédentes : tels sont les auxiliatifs de forme diminutive (355), les insertifs (458), les noms auxiliatifs (544), les augmentatifs-péjoratifs (572), &c.

APPLICATION *de la Léxicologie à la connaissance pratique des langues.*

668. Etant données les loix relatives aux constructions radicales, prépositives et désinencielles, il faudroit, 1°. procéder à la confection d'un tableau de toutes les racines connues qui ont fourni des composés aux langues latine et française (car il est impossible de traiter la Léxicologie de la seconde indépendamment de la Léxicologie de la première).

2°. Former autant d'articles qu'il y auroit de racines composantes, distribuées dans l'ordre le plus naturel, eu égard aux rapports des valeurs de ces racines entre elles.

3°. Suivre méthodiquement chacune de ces racines dans leurs constructions respectives par préposition et postposition, et par l'ordre chronologique de la formation des produits qui en sont résultés.

689. En faisant passer tous les mots, pour ainsi dire, par la filière des idées, on développerait toutes leurs fonctions ; la Léxicographie décrirait leurs formes diverses à différentes époques. L'histoire de leurs tropes comprendrait simultanément l'exposition de leurs variations dogmatiques ; elle les ferait considérer, relativement à l'étendue, la restriction, la transformation de leurs valeurs constatées dans tous leurs changemens, par les citations des meilleurs Ecrivains des temps dans lesquels ces mots auraient été le plus en usage. Il ne faudrait omettre l'explication d'aucun hypothétique, qui, le plus souvent, pour ne pas dire toujours, se trouve isolé et inusité, mais ayant représenté telle ou telle idée, dans tel ou tel temps, ou même existant encore, ignoré ou relégué dans l'acception particulière et technique de tel art, ou de telle science ; c'est alors que l'on ferait renaître les idées d'un peuple, et que l'on consignerait à la fin de chaque article dans un tableau, à l'inspection duquel on saisirait leur enchaînement. On rapporterait synop-

tiquement les mots les plus composés à la racine qui leur aurait servi de noyau. Il ne faudrait négliger aucun de ces produits, les plus absurdes comme les plus justes, afin de suivre tous les révolutions du génie d'une langue dans ses fluctuations comme dans sa marche directe : telle est l'esquisse d'un DICTIONNAIRE PHILOSOPHIQUE, à la confection duquel nous ne croyons pas devoir renoncer, si nous sommes secondés dans nos travaux ultérieurs, pour lesquels notre Cours complet offre des matériaux intéressans.

670. Que le même ouvrage se fasse dans toutes les langues ; que l'on y recueille les conceptions particulières au génie de chacune d'elles, comme les genres qui sont dans les unes, et qu'on ne retrouve pas dans les autres ; que l'on fasse un systême de ces produits de l'intelligence, et on aura l'histoire naturelle de l'esprit humain, contenant indubitablement la trace des loix qui le régissent, déduites de la liaison des phénomènes de la pensée, consignés dans les fastes des signes écrits.

671. L'exécution de ce plan serait le

monument dogmatique auquel les siècles à venir rapporteraient peut-être la plus heureuse révolution arrivée pour le perfectionnement des signes; ce serait le fondement sur lequel on pourrait baser une langue universelle et philosophique, vainement tentée jusqu'ici par les hommes du plus grand génie.

672. Mais quittons cet horizon rationel des résultats qu'on peut attendre de la Léxicologie pour ne nous occuper dans le cercle sensible de ses applications, que de l'utilité présente qu'en retirent et doivent en exiger les idiômes dont nous nous sommes servis pour déterminer quelques-unes de ces loix. Ce n'est qu'à l'aide de la Léxicologie que l'on peut saisir ces infiniment petits de la pensée, qui différencient nos prétendus synonymes, sur-tout quand ces mots représentent presque tous les mêmes élémens significatifs.

Fun*este*, fun*èbre*, fun*éraire*, se touchent et se confondent par l'idée commune de la *mort*. Le premier comme fixatif (110) modifie cette idée principale par celle accessoire de l'objet frappé par la mort, du malheur qui s'appesantit et se *fixe* sur cet objet, sur lequel s'*arrête* la fatalité. Fu*nèbre*, comme génératif (100), rappelle l'idée de la mort, il retrace son image altérée par le temps ; il *régénère* cette perception par une de ses analogues qui sait la *reproduire*. Funé*raire*, comme exercitif, (487) ne désigne que ce qui est relatif aux *fonctions* qui se remplissent dans l'*exercice* des cérémonies occasionnées par la mort.

Ainsi, par un effet de l'ancien usage des *funérailles* pompeuses et magnifiques, souvent les morts ont constitué des vivans en frais *funéraires*, moins *funèbres* que désagréables, car plus d'un avide héritier n'en a pas été frappé comme signe du coup *funeste* qui l'attend inévitablement.

673. En appliquant de cette manière nos formules simples aux mots comparés, formés de parties communes et de parties différentes, nous faisons ressortir leurs traits de similitude et les caractères qui les distinguent. Mais en considérant chaque polysyllabe isolément et sous le

V

rapport de toutes les constructions radicales, prépositives ou désinencielles dont il résulte, nous donnons à la somme de ces constructions une dénomination composée de toutes les formules simples de chacune d'elles rapportées au radical supposé connu, et dont la valeur est donnée. Par ex. pos étant donné, le qualificatif passif de ce mot est posé ; son coïtif qualificatif passif est composé ; son désitif-coïtif qualificatif passif est décomposé, et indécomposé en est l'initif désitif-coïtif qualificatif passif. C'est ainsi que de *mens*, base de mens*um*, *incom*mens*urabilité* est l'initif-coïtif, résultatif, facultatif-passif, abstractif-objectif. Tous les genres de construction étant connus, il est très-facile de les suivre dans leurs combinaisons binaires, ternaires, quaternaires, &c. et la représentation de toutes les constructions qui forment un polysyllabe est dite *formule complète* du radical.

674. La formule complète d'un polysyllabe est dite *directe*, quand les prépositions ou désinences du composé sont construites sans interruption à la gauche ou à

la droite du radical monome ou binome ; mais la formule est *inverse* quand les deux élémens d'un radical binome sont séparés par la construction désinencielle du premier terme ou prépositive du second. Ainsi, par exemple, la formule complète de anim*adv*ers*ion* est *inverse* ; dans ce cas il faut formuler isolément chacun des deux termes, si l'un et l'autre en sont susceptibles, et dire conséquemment que *animadversion* est un binome irrégulier dont le premier terme est *anim*, le second *vert* sous forme d'aditif nom actif. Cela posé, la Léxicologie-pratique se réduit à la résolution des deux problêmes suivans.

PREMIER PROBLÊME.

675. Etant donné le radical et la formule complète d'un mot latin ou français, *construire* ce mot dans l'une ou l'autre de ces deux langues.

II.e PROBLÊME.

676. Etant donné un mot latin ou français, déterminer la formule de sa compo-

sition, qui devient celle de son analyse et le moyen d'en extraire le radical.

677. Dans la résolution du premier problème, la donnée du radical consiste dans la définition de la racine connue, si ce radical est monome; celle du terme variable, si le radical est binome régulier ; mais s'il est irrégulier, dans l'exposition et la définition des deux racines, et de plus l'ordre de leur combinaison. Tels sont les élémens constitutifs de la donnée du premier problême.

Par exemple, étant donné du mot *in-commensurabilité*, le radical *met*, *mens*, et la valeur de ce principe, de plus, la formule de toutes les prépositions et désinences constitutives de ce polysyllabe, construire ce mot.

Étant donné du mot pét*rification*, le terme variable, sa définition jointe à la formule du terme constant et à celle de la désinence qui en fait partie, construire ce mot.

Étant donné du mot flétriss*ure*, binome irrégulier, les deux termes dans l'ordre de leur composition, la définition du premier *fl*, celle du second *tri*, avec la formule de la désinence qui complète le mot, construire ce polysyllabe.

678. La résolution du second problème consiste dans la justesse de la coupe léxique qui détermine les parties constitutives d'un polysyllabe radical, c'est-à-dire, les prépositions et les désinences, selon que ce polysyllabe n'est formé :

1°. Que de racines,

2°. D'une ou plusieurs racines avec une ou plusieurs prépositions,

3°. D'une ou plusieurs racines avec une ou plusieurs désinences,

4°. D'une ou plusieurs racines, avec une ou plusieurs prépositions et une ou plusieurs désinences.

Par exemple, si *écornifler* est *excorrenasiflare*, la formule est directe parce que le premier terme *nasus* est en état de prépositif du troisième degré, joint au second terme simple *flare*, sans que ni l'un ou l'autre ne soient séparés par une désinence ou une préposition.

Ces formules directes ou inverses, dont

le radical est un binome irrégulier, sont aussi rares que conjecturales.

679. Il est évident que la résolution du second problême est bien plus difficile que celle du premier ; car pour formuler un mot, il faut distinguer ce qui constitue les parties prépositives d'avec les élémens du radical, et ne rien confondre de celui-ci avec les attributions léxiques des désinences ; or il y a quelquefois des polysyllabes qui, par de fausses coupes, présentent deux mots réels. Par exemple, quelqu'un ne verra-t-il pas dans *parchemin*, *par* et *chemin*, et ne demandera-t-il pas en ridiculisant nos formules léxicologiques, si ce mot est le péritif de *chemin ?* Cette erreur vient de la coupe illusoire *par* chemin, au lieu de celle-ci, par*chemin*, de pergami-*num*, ce qui fait prendre pour le péritif (232) de *chemin* l'exortif (429) de *Pergame*. En regardant divin comme di*vin* et non pas div*in*, on dira que ce mot est le disitif de *vin* (186) et non pas l'exortif français de div*us* (429).

680. Le même obstacle se rencontre dans les désinences ; par exemple, la désinence

ier est d'une construction fréquente ; on pourrait croire que *entier* serait l'exercitif du radical *ent*, en faisant la coupe de ce mot ainsi, ent*ier*; mais comme *entier* et *intègre* sont deux variétés d'un même mot, *integri*, la coupe de ce mot est *en*tier pour *in*tègre, et loin d'être désinencielle, sa construction appartient aux initifs de la sorte contradictive (205) ; car *entier* est ce à quoi on n'a pas *touché*, ce qui est *intact*.

681. Une seconde difficulté rend le second problème indéterminé dans plus d'un cas, si les coupes léxiques mêmes étant connues, il se trouve des formes identiques pour bases différentes ; alors il y a deux ou trois solutions si la forme identique résulte de deux ou trois altérations convergentes.

Par exemple, *il*luminer et *en*luminer sont deux initifs, l'un *proprement dit*, l'autre *applicatif* de *luminer*. De même *in*duire et *en*duire sont aussi deux initifs, l'un *proprement dit*, l'autre applicatif de *duire*, altéré dans le premier cas de *ducere*, et dans le second de *duere*. Les mots *in*duire et *en*duire n'ont donc la même base qu'en apparence et non en réalité.

682. Les plus nombreuses objections que l'on puisse faire contre notre Système de Léxicologie, ne viennent que de l'erreur des fausses coupes léxiques ou de la confusion des formes identiques résultantes de la convergence des altérations, objections que nous avons essayé de résoudre dans le développement de notre Cours complet.

683. Pour indiquer la marche de nos exercices léxicologiques, il suffit d'exposer quelques applications des deux problêmes généraux ci-dessus énoncés.

PREMIER PROBLÊME.

684. Quel est du radical MET (signe d'unité à laquelle on rapporte comme terme de comparaison plusieurs unités de même nature), l'initif-coïtif, secondairement verbal, résultatif, passif-facultatif abstractif-objectif?

SOLUTION.

INCOMMENSURABILITÉ.

Démonstration.

1°. Le radical MET sous forme de nom, donne en latin met*a*, *œ*, borne, limite.

2°. Meta sous forme de verbe secondaire, devient met*iri*, met*ior*, mens*um*. Rapporter une quantité à une *limite*, à une unité de convention, comme *terme* de comparaison (448).

3°. Le supin *mensum* sous forme résultative, donne mens*ura*, mes*ure*, signe du résultat de cette action considéré dans l'objet qui sert de moyen (516).

4°. Mens*ura*, mes*ure*, sous forme passive facultative, devient mensur*abilis*, mesur*able*, qui peut être rapporté à une mesure (556).

5°. Le coïtif relatif de ce mot *commen*surabilis, *commensurable*, exprime la raison de deux ou plusieurs objets qui peuvent être rapportés à une même mesure (171, 2°).

6°. L'initif-contradictif de ce même

composé se trouve dans *in*commensurabilis, *in*commensurable, ce qui ne peut pas être rapporté à la mesure d'un ou de plusieurs autres objets (205).

7°. Enfin, cette manière d'être, considérée en elle-même, abstraction faite des objets qui en sont susceptibles, se désigne par l'abstractif-objectif, *in*commensura*bilité* (598).

Donc, *in*COMMEN*surabilité* est l'initif-coïtif, secondement verbal, résultatif, passif-facultatif, abstractif-objectif du radical MET, signe de limite, &c. C. q. f. d.

IIe PROBLÊME.

685. Quelle est la formule léxicologique du mot *accoutumance*, et conséquemment le radical auquel elle se rapporte.

SOLUTION.

L'aditif-coïtif, inceptif, passif, progressif, actif-présent, abstractif-absolutif, du radical *su*, signe d'arrestation, de fixation sur un point déterminé.

Démonstration.

1°. Accoutuman*ce* est évidemment l'abstractif-absolutif de accoutumant (650).

2°. Accoutum*ant* n'est pas moins évidemment l'actif-présent de accoutumer (501).

3°. *A*ccoutum*er* est l'aditif proprement dit de l'hypothétique *coutumer*, prendre coutume à telle ou telle chose, diriger les habitudes vers tel ou tel point (146).

4°. Coutum*er* est le verbe secondaire de coutume, prendre coutume, être cause ou être agent de coutume (448).

5°. *Coutume* est l'isologue de *consuetudinis*, *consuetudo*, ce qui est prouvé par les loix de la Léxicographie (225).

6°. Consuetudo, cout*ume*, série d'habitudes, est le progressif de consuetus (608).

7°. C*o*nsuetus est le coïtif successif de suetus, fait depuis long-temps à tel ou tel état (171, 14°.).

8°. Sue*tus* est manifestement le qualificatif passif de suesco, qui est fait à tel ou tel état (479).

9°. Or, su*esco* est l'inceptif du radical su, commencer à se faire à un état, à s'habituer; mais *su* est interjectionnellement le signe d'arrêt, de fixation sur un point déterminé.

Donc, *accoutumance* (1) est l'aditif-coïtif, inceptif, passif, progressif, actif-présent, abstractif-absolutif du radical *su*, signe d'arrêt, &c. C. q. f. d.

IIIe PROBLÈME

686. Quel est du radical *hend* (signe représentatif de la main), l'initif-coïtif, secondairement verbal, passif facultatif, modificatif-adverbial ?

SOLUTION.

INCOMPRÉHENSIBLEMENT.

Démonstration.

1°. Soit le radical *hend* sous forme verbale en latin, on aura l'hypothétique *hendere*, agir de la main (448).

---

(1) Il est assez intéressant d'observer que le radical a été tellement altéré dans *accoutumance*, qu'il n'en reste vestige quand on n'affecte pas le premier *u* d'un accent circonflexe.

2°. Hendere, sous forme préitive, donne *præhendere* (239), d'où peut résulter *prehendere*, avancer la main avec laquelle on saisit un objet. Telle est la valeur propre du mot *prehendere*, prendre.

3°. Prehendere, prendre, sous forme coïtive, donne pour la sorte proprement dite, *com*prehendere, *com*prendre au propre; et pour la sorte relative comprendre au figuré, prendre, saisir l'ensemble, le rapport de deux ou plusieurs choses. (171, 2°.)

4°. Dans ce sens figuré, le supin compre*hensum* de comprehendere, comprendre, sert de base au facultatif-passif comprehensi*bilis*, compréhens*ible*, qui peut être compris (556).

5°. Or de compréhensible résulte manifestement l'initif-contradictif *in*compréhensible, qui ne peut pas être compris (205).

6°. Et le modificatif adverbial de cette dernière forme est irrécusable dans incompréhensible*ment*, d'une manière incompréhensible (620).

Donc, *in*compré*hensi*blement est l'initif-coïtif, préitif, &c. du radical HEND, main (1).

IV.ᵉ PROBLÊME.

687. Quelle est la formule léxicologique du mot *inexpérience*, et conséquemment le radical auquel elle se rapporte ?

---

(1) C'est dans l'esprit de cette formule complète que Court de Gebelin fait venir *prehendere* de *hend*; mais sans donner une analyse exacte de prehendere dans cette hypothèse. Les personnes qui contesteraient celle que je donne ici d'*incompréhensiblement*, ne le pourraient qu'en refusant la demande faite de *prehendere*, comme préitif verbal de *hend*. Or, loin d'attaquer mon système par le refus de cette demande, on trouve deux raisons dans mon système même, d'après lesquelles elle peut, rigoureusement parlant, n'être pas accordée; 1°. parce qu'il n'y a pas, ou presque pas, de verbes secondaires qui ne soient de la troisième conjugaison latine (444); 2°. parce qu'il n'y a pas d'exemples certains de préitifs latins en *pré*, et que la forme caractéristique de ce genre de prépositifs est en cette langue PRÆ (238).

SOLUTION.

L'initif - exitif - péritif, actif - présent, abstractif-absolutif du radical I, IT, signe de mouvement, de translation dans l'espace, en un mot, signe d'*aller*.

Démonstration.

1°. *In*expérience est l'initif contradictif de expérience, car l'*in*expérience n'est que le défaut d'expérience (205).

2°. Expérience ou son isologue experient*ia*, comme abstractif-absolutif (650) marque la qualité abstraite que représente le qualificatif *experiens*.

3°. *Ex*periens, comme actif - présent d'*experiri*, essayer, tenter, est l'exitif cumulatif de periens (193), car *ex*periens signifie faisant beaucoup de tentatives pour arriver à un terme; la preuve de cette interprétation est frappante, dans *expertus* pour *experitus*, expert, c'est-à-dire, qui est arrivé au terme après avoir franchi *toutes* les difficultés.

4°. *P*eriens, actif-présent de per*i*re (501), désigne la qualité présente d'aller vers un terme, eu égard aux moyens d'emploi, &c. Perire a par lui-même cette valeur générale.

5°. Or *perire*, périr, ne se prend dans le sens particulier de mourir, que parce que mourir n'est qu'aller au terme, à la fin où toutes choses tendent naturellement; car ce mot *perire* dans plusieurs circonstances se dit pour aboutir; il est donc, sous ce rapport, le péritif terminatif de *ire;* le mot *peritus*, savant, habile, instruit, vient à l'appui de cette assertion par la valeur propre de qualité d'être arrivé à un but avec des moyens.

6°. *Ire, itum,* comme verbe premier, ne présente en analyse ultérieure pour résultat, que le radical I, *it,* signe d'aller, &c. (443).

Donc, &c. C. q. f. d.

V° PROBLÊME.

688. Quel est du radical ST (comme signe de cessation de mouvement, de fixation), l'initif-coïtif, énonciatif verbal, secondairement nom actif, attributif, modificatif-adverbial ?

SOLUTION.

INCONSTITUTIONNELLEMENT.

1°. *St* sous forme verbale, donne st*are*, être, se tenir debout, immobile.

2°. Stare, stat*um*, sous forme énonciative, donne stat*us*, ét*at*, manière d'être fixe et généralement peu *muable* (470, 4°.).

3°. Status, état, donne lieu au verbe secondaire statu*ere*, statu*er*, faire, former, préciser, déterminer un état (448).

4°. Statuere, statuer, sert de base au coïtif-relatif *con*stituere, *con*stituer, statuer avec tel ou tel pouvoir, dans tel ou tel rapport (171, 2°.).

5°. Constituere, constituer, par le supin constitut*um* sert de base au nom actif constitut*io*, constitut*ion*, action et résultat d'action, de statuer avec ordonnance, d'où les diverses significations politiques et physiologiques de ce mot (629).

6°. Constitution, dans son sens politique, a donné naissance à l'attributif constitutionn*el*, appartenant à telle ou telle constitution (378).

7°. L'initif-contradictif de constitution-

X

nel, est évidemment, *in*constitutionnel (105).

8°. De cette dernière forme s'est déduite le modificatif adverbial inconstitutionnellement, manière d'être inconstitutionnelle (618).

Donc, &c. C. q. f. d.

VIe PROBLÈME.

689. Quelle est la formule lexicologique du mot *assurance*; et conséquemment le radical auquel elle se rapporte?

SOLUTION.

L'aditif-séditif, secondairement actif-présent, abstractif-absolutif du radical *cur*, soin, tourment, inquiétude.

Démonstration.

1°. Assurance comme on le sait, est en général l'abstractif-absolutif de assurant (650).

2°. Assurant ne présente que la forme irrécusable de l'actif-présent de assurer, forme précédemment expliquée (501).

3°. Assurer est l'aditif de l'hypothétique surer), rendre sûr, eu égard au terme de l'action (146, 1°.).

4°. Surer ne présente que la forme verbale secondaire de l'adjectif sûr, rendre sûr, mettre hors d'inquiétude.

5°. Mais sûr est isologue de securus, à l'écart de tout soin, et securus le séditif de cura, soin (265).

6°. Or, cura, soin, ne présente en analyse ultérieure et très-probable que le radical cur, soin, inquiétude, tourment, &c. (1).

Donc, &c.

690. Ces six exemples donnent alternativement une idée très-claire des deux méthodes, la synthèse et l'analyse, ex-

___

(1) Des Étymologistes veulent pousser l'analyse plus loin, en cherchant un binome dans la base de cura; car ils voyent dans cur, cor ur, cœur brûlé, agité, &c. Cette décomposition peut n'être pas admise par tout le monde. On peut lui en substituer d'autres plus ou moins vraisemblables; c'est pourquoi nous nous arrêtons au radical cur, qui peut être binome ou monome, selon que l'on n'y trouvera qu'un ou que l'on y découvrira deux élémens.

pressions sur lesquelles s'entendent d'autant moins ceux qui ne sont pas géomètres, qu'ils s'en servent pour rendre une foule d'idées, souvent disparates et contradictoires. Par exemple, dire que la méthode analytique est la meilleure pour apprendre les langues ; c'est mettre en thèse qu'en procédant des idées simples aux idées composées, il faut commencer par savoir ce que signifient *incommensurabilité* et *inconstitutionnellement*, pour arriver à l'idée de *mesure* et de *constitution*.

691. La synthèse est la seule méthode qui puisse conduire directement à la connaissance des mots. L'analyse est la contre-épreuve par laquelle on s'assure si cette connaissance est vraiment acquise. Ce n'est que par l'art de composer les mots qu'on peut parvenir à celui de les décomposer. C'est pour cela que nous faisons consister la première partie de notre Léxicologie pratique à former tous les polysyllabes, étant donnés leur radical et leur formule de composition ; comme on peut en juger par les problèmes 1, 3 et 5. Tandis que la seconde partie de cette pratique a pour objet

de trouver sur un polysyllabe donné la formule de sa composition qui devient celle de son analyse et le moyen d'en déterminer le radical.

FIN DES THÈSES LEXICOLOGIQUES.

TABLE ALPHABÉTIQUE

De tous les genres de Constructions simples, tant radicales que prépositives et désinencielles, contenues dans cet Abrégé de Léxicologie.

A.

Abitifs,	page 51	Approbatifs,	15
Abstractifs - absolutifs,	286	Approximatifs,	171
		Assimilatifs,	250
Abstractifs - objectifs,	261	Assuéfactifs,	225
Actifs-présens,	215	Attractifs,	24
Adhésifs,	237	Attributifs,	173
Aditifs,	54	Auditifs,	43
Adventifs,	43	Augmentatifs - péjoratifs,	258
Ambitifs,	56	Auxiliatifs,	256
Antéitifs,	58	Auxiliatifs de forme diminutive,	156
Apparatifs-actifs,	228		

C.

Capillatifs,	42	Cisitifs,	62
Circuitifs,	60	Coactifs,	41

Coïtifs,	65	Confusifs,	268
Collectifs,	176	Consécutifs,	201
Comparatifs,	163	Contradictifs,	16
Compensatifs,	25	Contraïtifs,	67
Compositifs,	250	Cultivatifs,	30
Compréhensifs,	29	Custoditifs,	22
Configuratifs,	35		

D.

Décuplatifs,	251	6e Section,	151
Dégradatifs,	172	7e Section,	152
Déprociatifs verbaux,	176	Diminutifs-fréquentatifs,	161
Desitifs,	69	Diminutifs-gradatifs,	160
Destructifs,	30		
Dimidiatifs,	18	Diruptifs,	43
DIMINUTIFS,	136	Disitifs,	73
1e Section,	139	Displicitifs-actifs,	241
2e Section,	142	Dispositifs,	235
3e Section,	144	Discursifs,	31
4e Section,	145	Dominatifs,	43
5e Section,	146	Duplicatifs,	17

E.

Effectifs,	199	Enonciatifs-verb.	206
Enonciatifs-présens,	208	Erratifs,	45

Evasifs,	43	Exortifs,	187
Exagératifs,	182	Expansifs,	39
Exaltatifs,	28	Expressifs,	31
Exercitifs,	242	Extensifs,	248
Exitifs,	76	Extraïtifs,	78

F.

Facultatifs-actifs,	230	Fréquentatifs,	203
Facultatifs-passifs,	232	Futuritifs-actifs,	220
Fixatifs,	37	Futuritifs-passifs,	232
Foritifs,	79		

G.

Génératifs,	34	Giratifs,	24
Gubernatifs,	28		

H.

Habitatifs, 185

J.

Juxtaïtifs, 91

I.

Illuminatifs,	42	Infaustifs,	49
Impératifs (noms),	281	Infinitifs (noms),	279
Improbatifs,	16	Initifs,	81

Insertifs, 192 Intraïtifs, 89
Insessifs, 177 Introïtifs, ibid.
Intéritifs, 86 Intusitifs, 90

L.

Locatifs-exercitifs, 290

M.

Manatifs, 42 Modificatifs, 271
Manducatifs, 43 Modulatifs, 42
Manifestatifs, 238 Munératifs, 246
Minératifs, 39

N.

Noms ordinaux, 167 second degré, indé-
Numératifs; premier, terminatifs, 20

O.

Obitifs, 92 Opératifs, 271
Opératifs, 40

P.

Passifs qualificatifs, 209 Perforatifs, 23
Péjoratifs verbaux, 259 Péritifs, 95
Perceptifs - abstrac- Portatifs, 32
  tifs, 264 Postitifs, 102

(330)

Précipitatifs,	209	Procréatifs,	33
Prédilectifs,	26	Productifs,	32
Préhensifs,	43	Productifs verbaux,	33
Préitifs,	99	Progressifs-abstractifs,	267
Préservatifs,	24		
Prétéritifs,	100	Proïtifs,	103

R.

Réditifs,	106	Représentatifs,	27
Régionatifs,	189	Réprobatifs,	291
Répétitifs,	36	Résultatifs,	252
Réplétifs,	168	Rétroïtifs,	210

S.

Secrétifs,	294	Subitifs,	113
Séditifs,	111	Subsécutifs,	142
Sémi-additifs,	19	Supéritifs,	115
Sinuatifs,	181	Superlatifs,	165
Sociatifs,	292	Suppositifs,	23
Stabilitifs,	36	Systématifs,	269

T.

Titulatifs,	254	Transitifs,	117
Transgressifs,	23	Tuméfactifs,	141

U.

Ultraïtifs, 120

V.

Verbes secondaires proprement dits, 197

ERRATA.

PAGE 8, ligne 1, le rapport, égalité, *lisez* le rapport d'égalité.

Discours préliminaire, page ix, ligne 5, je passe, *lisez* j'ai passé.

— 14, ligne 2, celles-là, *lisez* celle-là; ligne dernière, trente-une, *lisez* trente-deux.

N° 4, ligne 2, une langue comme, *lisez* une langue, comme.

38, ligne 8, toute la latitude des anciens, *lisez* toute sa latitude suivant les anciens.

Pag. 31, titre du n° 88, dicursifs *lisez* discursifs.

— 33, ligne 5, les passifs, *lisez* les énonciatifs.

N° 101, ligne 8, idée générale de cause, *lisez* idée générale de mouillement.

— 117, ligne 4, *dundus, dond*, *lisez undus ond*.

— 120, ligne 5, la désinence *ent*, *ajoutez*: voyez n° 506.

— 123, ligne dernière (*antropos homme*), *lisez* (*antropos homme physique*).

— 124, ligne 5, *formule générale*, *lisez* formule ordinale.

— 169, ligne 19, approchés, *lisez* rapprochés.

— 171, ligne 14, d'absence, de rapport, *lisez* d'absence de rapport.

— 173, ligne 3, construction, avec, *lisez* construction avec: ligne 5, labiale et, *lisez* labiale, et.

— 174, ligne 15, de premier degré, *lisez* du premier degré.

— 182, ligne 2, les désitifs, comme prépositifs, *lisez* les désitifs comme prépositifs.

— 179, la préposition *de*, *lisez dé*, ainsi que dans toutes les autres lignes de cet article où on voit *de*.

N° 191, ligne 10, espace, qui, *lisez* espace qui.

— 211, ligne 18, en dedans d'une puissance, *lisez* en dedans, d'une puissance.

— 227, ligne 15, aussi se représentent-elles, *lisez* aussi ces idées se représentent-elles; ligne 16, mais chacune de ces idées n'offre, *lisez* mais chacune n'offre.

— 234, lignes 21 et 23, cumulatifs, *lisez* complétifs.

— 243, ligne 3, prêter, *lisez* prêter.

— 256, ligne 6, est intercallé, *lisez* s'est intercallé.

— 270, ligne 4, ou fonction, *lisez* en fonction.

— 275, ligne 1, sept variétés, *lisez* six variétés.

— 316, ligne 2, l'erreur, *lisez* l'opinion.

— 334, lignes 7 et 8, ser-desvent aussi, *lisez* servent aussi; ligne 9, des personnes ou objets, *lisez* des personnes ou des objets.

— 347, ligne 5, sixième section, *lisez* septième section; ligne 7, les cinq précédentes, *lisez* les six précédentes.

— 364, ligne 3, terminaison *et*, *lisez* terminaison *er*; lignes 3 et 4 désinence 6.*er*, *lisez* désinence o.*er*.

— 415, ligne 5, de rappeler, *lisez* d'en rappeler.

— 427, 2°. ligne 4, ignorantin, *lisez* payen.

— 430, ligne 7, par sa signification, *lisez* par la signification.

— 436, 2°. lignes 3 et 4, la révolution, qui, *lisez* la révolution qui.

Au verso de la page 193, *lisez* 194 au lieu de 174.

N° 470, lignes 2 et 3, noms traits, *lisez* noms abstraits.

— 525, ligne 5, qui n'existe point sous forme, *lisez* qui n'existe sous forme.

— 554, ligne 10, active, facultative, *lisez* active-facultative.

N° 568, avant-dernière ligne, rélsate, lisez résulte.
Page 259, n° 574, despectifs, lisez péjoratifs.
N° 598, titre des abstractifs objectifs, lisez des abstractifs-objectifs.
— 603, ligne 3, qui n'est pas avec une base, lisez avec une base qui n'est pas.
— 629, titre des noms actifs, lisez noms actifs.

www.ingramcontent.com/pod-product-compliance
Lightning Source LLC
Chambersburg PA
CBHW071859230426
43671CB00010B/1397